manual de criminologia e política criminal

SÉRIE ESTUDOS DE INVESTIGAÇÃO PARTICULAR

DIALÓGICA

EDITORA intersaberes

O selo DIALÓGICA da Editora InterSaberes faz referência às publicações que privilegiam uma linguagem na qual o autor dialoga com o leitor por meio de recursos textuais e visuais, o que torna o conteúdo muito mais dinâmico. São livros que criam um ambiente de interação com o leitor – seu universo cultural, social e de elaboração de conhecimentos –, possibilitando um real processo de interlocução para que a comunicação se efetive.

manual de criminologia e política criminal

Carlos Roberto Bacila

EDITORA intersaberes

Rua Clara Vendramin, 58
Mossunguê . CEP 81200-170
Curitiba . PR . Brasil
Fone: (41) 2106-4170
www.intersaberes.com
editora@editoraintersaberes.com.br

- Conselho editorial
  Dr. Ivo José Both (presidente)
  Drª. Elena Godoy
  Dr. Neri dos Santos
  Dr. Ulf Gregor Baranow
- Editora-chefe
  Lindsay Azambuja
- Gerente editorial
  Ariadne Nunes Wenger
- Preparação de originais
  Cezak Shoji Serviços Editoriais
- Edição de texto
  Natasha Saboredo
  Fabia Mariela De Biasi
- Projeto gráfico
  Raphael Bernadelli
- Capa
  Mayra Yoshizawa (design)
  Evgenyevich e akrl1_ss corrente/
  Shutterstock (imagem)
- Diagramação
  Renata Silveira
- Equipe de *design*
  Débora Gipiela
  Iná Trigo
- Iconografia
  Sandra Lopis da Silveira
  Regina Claudia Cruz Prestes

Dados Internacionais de Catalogação na Publicação (CIP)
(Câmara Brasileira do Livro, SP, Brasil)

Bacila, Carlos Roberto
  Manual de criminologia e política criminal/Carlos Roberto Bacila. Curitiba: InterSaberes, 2020. (Série Estudos de Investigação Particular)

  Bibliografia.
  ISBN 978-65-5517-034-4

  1. Criminologia 2. Política criminal I. Título. II. Série.

20-34113   CDU-343.9

Índice para catálogo sistemático:
1. Criminologia: Ciências penais 343.9
    Cibele Maria Dias – Bibliotecária – CRB-8/9427

EDITORA APILIADA

1ª edição, 2020.

Foi feito o depósito legal.

Informamos que é de inteira responsabilidade do autor a emissão de conceitos.

Nenhuma parte desta publicação poderá ser reproduzida por qualquer meio ou forma sem a prévia autorização da Editora InterSaberes.

A violação dos direitos autorais é crime estabelecido na Lei n. 9.610/1998 e punido pelo art. 184 do Código Penal.

apresentação 9

como aproveitar ao máximo este livro 13

introdução 17

Capítulo 1 **Aspectos gerais da criminologia - 23**

1.1 Criação e infração de leis: as reações da sociedade diante do crime - 25
1.2 Características da criminologia - 27
1.3 Teorias penais e teorias criminológicas - 28
1.4 Definição de crime - 31

Capítulo 2 **Correntes da criminologia pautadas em argumentos econômicos ou políticos - 39**

2.1 William Godwin e a liberdade fictícia - 40
2.2 Karl Marx e a opressão do Estado - 43
2.3 Teses burguesas ou de direita - 48

sumário

Capítulo 3 **Breve história do crime e das primeiras ideias criminológicas - 57**

3.1 Jean-Paul Marat e Pietro Verri - 58
3.2 Cesare Beccaria - 60
3.3 Escola clássica - 64
3.4 Escola positiva: criminologia etiológica individual - 68
3.5 Crítica das escolas clássica e positiva - 72

Capítulo 4 **Criminologia sociológica - 81**

4.1 Criminologia do fato social - 82
4.2 Teoria de Robert Merton - 87
4.3 Teoria ecológica e a escola de Chicago - 89
4.4 Teorias do conflito - 94

Capítulo 5 **Mudança de paradigma na criminologia: Edwin Sutherland - 99**

5.1 Teoria de Edwin Sutherland - 100
5.2 Crimes do colarinho branco - 102
5.3 Desorganização social - 112
5.4 Colarinho branco no Brasil e a Operação Lava Jato - 116

Capítulo 6 **Outras teorias e concepções contemporâneas - 123**

6.1 Behaviorismo - 124
6.2 Pragmatismo - 125
6.3 Panótico e a microfísica do poder - 128
6.4 Ressocialização - 130
6.5 Teoria das subculturas - 133
6.6 Teorias da reação social - 135
6.7 Novas etiologias: o mito do DNA criminoso e o determinismo da psicologia freudiana - 143

Capítulo 7 **Vitimologia - 151**

7.1 Protagonismo da vítima - 152
7.2 Tutela jurídica - 157
7.3 Situação brasileira - 162
7.4 Contribuição da vítima para o crime - 164

Capítulo 8 **Estigmas como metarregras negativas que afetam o sistema penal - 169**

8.1 Vingança divina e o estigma da religião - 170
8.2 Estigma da mulher e a punição feminina na história - 172
8.3 Estigma de raça e o sofrimento da humanidade - 173
8.4 Estigma da pobreza e a confusão ideológica - 174
8.5 Conceito de estigmas e metarregras - 176
8.6 Atuação da polícia tendo estigmas como metarregras - 182

Capítulo 9 **Princípios do direito penal - 189**

9.1 Política criminal e criminologia - 190
9.2 Princípio da legalidade - 192
9.3 Princípios da subsidiariedade, da fragmentariedade e da lesividade - 197
9.4 Garantismo - 198
9.5 Fundamentos da culpabilidade - 200

Capítulo 10 **Temas sociais pertinentes à política criminal - 213**

10.1 Apontamentos sobre a questão do adolescente infrator - 214
10.2 Mentiras sobre a dependência de drogas, o *crack* e a criminalidade - 217
10.3 O dilema do policial para atender a população - 222
10.4 Consequências da inoperância das leis penitenciárias - 226
10.5 Quatro etapas para a segurança pública acertar o passo - 230

considerações finais... 243
referências 245
respostas 253
sobre o autor 257

Nesta obra, apresentaremos dois temas que são de crucial importância para a vida em sociedade: a criminologia e a política criminal. O desafio era escrever algo novo, original e que fosse útil tanto ao âmbito acadêmico quanto à vida prática. Portanto, para escrever este *Manual de criminologia e política criminal*, não bastava abordar o que cada corrente teórica preconiza; era necessário testá-las, verificá-las, refletir sobre elas e colocá-las à prova. Para isso, contamos com mais de 20 anos de experiência em sala de aula, lecionando Direito Penal, Criminologia e Direito e Cinema com ênfase no tema em questão, bem como com pesquisas de campo realizadas em diversas áreas relacionadas ao crime.

Por outro lado, sabemos que as teorias da criminologia e da política criminal guardam um obscuro caminho a ser percorrido, tanto pela engenhosidade teórica quanto pelo seu discutível sentido prático e real para a vida das pessoas. Diante disso, procuramos expor o conteúdo de maneira didática e acessível, possibilitando a você, leitor, refletir e obter as próprias conclusões.

apresentação

No Capítulo 1, esclarecemos o conceito de *criminologia* e as distinções deste com relação à política criminal, ao direito penal e ao processo penal. Abordamos também o conceito de *bem jurídico*, o garantismo e, finalmente, a importância da pesquisa de campo e sua utilidade social.

No Capítulo 2, apresentamos uma abordagem completamente original mediante um estudo sobre as influências negativas das ideologias econômicas e políticas no estudo do crime. Analisamos desde as influências de direita e de esquerda até o anarquismo, incluindo a criminologia crítica.

No Capítulo 3, introduzimos as primeiras ideias de criminologia, desde o Iluminismo até a escola clássica e positiva. Já no Capítulo 4, discorremos sobre o início da abordagem sociológica na criminologia, examinando a concepção ecológica, a anomia, o desenvolvimento da escola de Chicago, entre outros assuntos.

Por sua vez, no Capítulo 5, tratamos da mudança de modelo da criminologia para uma perspectiva que observa o crime e a sociedade de uma forma mais ampla. Demonstramos as contribuições de Edwin Sutherland, desde o problema da cifra oculta até os conceitos de *associação diferencial*, *crime do colarinho branco* e *desorganização social*. Também destacamos a criminalidade organizada e a operação Lava Jato.

No Capítulo 6, apresentamos outras correntes de pensamento que influenciaram a criminologia de alguma maneira, como o behaviorismo e o pragmatismo. Tratamos da vitimologia no Capítulo 7, iniciando com um breve levantamento histórico da vítima no mundo. Analisamos seu papel no processo penal e na criminologia e avaliamos a necessidade de políticas criminais específicas relacionadas à vítima.

No Capítulo 8, versamos sobre os estigmas e os desvios causados pelos preconceitos no sistema penal e na sociedade como um todo. Para isso, esmiuçamos os conceitos de *estigma* e de *metarregras*. A título de exemplo, indicamos os estigmas de raça, gênero, religião e classe social.

No Capítulo 9, examinamos os princípios do direito penal, como o da legalidade, da subsidiariedade, da fragmentariedade e da lesividade, bem como o garantismo. Esclarecemos também como esses princípios estão relacionados com a necessidade de uma política criminal voltada para a realidade das ruas.

Por fim, no Capítulo 10, tratamos de temas fundamentais relacionados à segurança pública e à política criminal, como a questão do adolescente infrator e os caminhos para a segurança pública atender a população com excelência.

Para auxiliá-lo durante a leitura, inserimos gráficos e testes que o ajudarão a compreender os pontos mais importantes e a colocar em prática os conhecimentos adquiridos. Um aspecto diferencial desta obra é o fortalecimento do estudo da política criminal mediante a abordagem de aspectos difíceis relacionados às drogas e à segurança pública de uma maneira geral.

Finalmente, ressaltamos que, apesar da tendência majoritária de se colocar o autor de crimes em posição de protagonismo quase absoluto na criminologia, nesta obra procuramos dar mais atenção e importância à vítima, tratando-a com o cuidado que ela merece. Esse entendimento visa tornar a criminologia um pouco mais humana e menos parcial e ideologizada.

Esperamos que você sinta seu progresso durante os estudos e tire o máximo de proveito das reflexões apresentadas.

Ótima leitura!

Empregamos nesta obra recursos que visam enriquecer seu aprendizado, facilitar a compreensão dos conteúdos e tornar a leitura mais dinâmica. Conheça a seguir cada uma dessas ferramentas e saiba como estão distribuídas no decorrer deste livro para bem aproveitá-las.

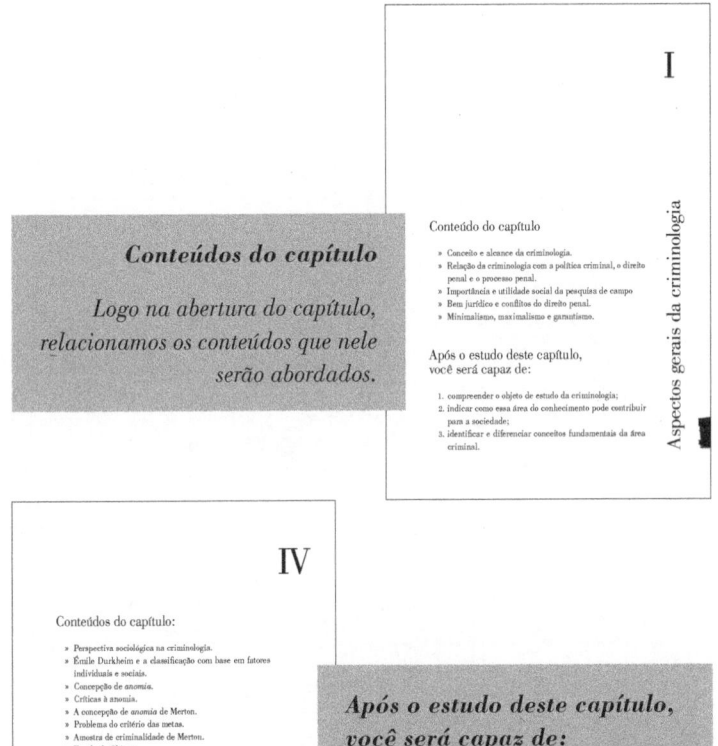

como aproveitar ao máximo este livro

Conteúdos do capítulo

Logo na abertura do capítulo, relacionamos os conteúdos que nele serão abordados.

I — Aspectos gerais da criminologia

Conteúdo do capítulo
- Conceito e alcance da criminologia.
- Relação da criminologia com a política criminal, o direito penal e o processo penal.
- Importância e utilidade social da pesquisa de campo.
- Bem jurídico e conflitos do direito penal.
- Minimalismo, maximalismo e garantismo.

Após o estudo deste capítulo, você será capaz de:

1. compreender o objeto de estudo da criminologia;
2. indicar como essa área do conhecimento pode contribuir para a sociedade;
3. identificar e diferenciar conceitos fundamentais da área criminal.

IV — Criminologia sociológica

Conteúdos do capítulo:
- Perspectiva sociológica na criminologia.
- Émile Durkheim e a classificação com base em fatores individuais e sociais.
- Concepção de anomia.
- Críticas à anomia.
- A concepção de *anomia* de Merton.
- Problema do critério das metas.
- Amostra de criminalidade de Merton.
- Escola de Chicago.
- Teoria ecológica.
- Teorias do conflito.
- Estudo de caso contemporâneo.

Após o estudo deste capítulo, você será capaz de:

1. avaliar o surgimento da sociologia do crime;
2. entender as proposições de Durkheim voltadas à explicação da criminalidade;
3. compreender as ideias de Merton;
4. identificar as ideias da escola de Chicago e a teoria ecológica;
5. distinguir as teorias do conflito das teorias do consenso.

Após o estudo deste capítulo, você será capaz de:

Antes de iniciarmos nossa abordagem, listamos as habilidades trabalhadas no capítulo e os conhecimentos que você assimilará no decorrer do texto.

Experiência profissional

São exemplos elaborados com base em experiências do autor ao longo de sua trajetória profissional.

ou niilismo) e passa a "explicar" tudo com base nessas correntes está, na verdade, se desviando do foco principal, que é o crime e sua prática.

Há aqueles que fazem longa divagação questionando, até mesmo, a existência do crime. Tudo pode ser questionado, mas a atitude sofista não apresenta benefício algum para o fator mais importante no estudo do crime: a vida real, que acontece nas ruas, nas casas, nas faculdades, entre tantos outros lugares.

Experiência profissional

Alunos meus foram vítimas de assaltos e agressões quando saíam da faculdade e se dirigiam para suas residências. Estudantes universitários já foram mortos por atiradores dentro da sala de aula sem nenhum motivo aparente.

Diante desses casos, percebemos que não adianta divagar em conceitos abstratos, evitando enfrentar o problema de frente, assim como a avestruz que esconde a cabeça na terra. É necessário procurar soluções e expô-las para a comunidade.

1.3 Teorias penais e teorias criminológicas

A **criminologia** examina o crime sob os mais variados aspectos, incluindo o causal e o social, tendo em vista todas as instituições que lhe são importantes (polícia, judiciário, Ministério Público, advocacia, penitenciária), ao passo que o **Direito Penal**, como disciplina, se dedica ao crime sob o aspecto normativo e principiológico. Para o direito penal, crime é uma

Importante!

As teorias penais relacionam-se aos princípios e às normas penais. Nessa perspectiva, o direito penal ocupa-se do estudo do *dever ser*. Já a criminologia é empírica, relacionada ao *juízo do ser*.

Para que você tenha uma ideia mais clara da distinção entre essas áreas, veremos, a seguir, um singelo comparativo entre algumas teorias penais e criminológicas.

São **teorias penais**, por exemplo, aquelas que tratam do tipo objetivo (nódoa legal) e subjetivo (dolo e culpa), como a teoria causalista da ação, a teoria finalista e a teoria da imputação objetiva. Para saber se alguém praticou o delito, é necessário que essa pessoa tenha praticado uma conduta – a qual deve estar adequada a um tipo objetivo (um dispositivo legal) –, e que ela tenha pretendido realizar tal tipo (dolo) ou tenha atuado de modo descuidado (culpa).

As **teorias criminológicas** adquirem uma face completamente diferente das penais. Em criminologia, as teorias procuram entender os fatores que podem motivar ou desencadear um crime. Por exemplo, a teoria da associação diferencial de Sutherland supõe que a prática do crime decorre, na maioria das vezes, do aprendizado de técnicas de criminalidade por um indivíduo que se associa a um grupo criminoso, tal como: A se junta a um grupo que pratica assaltos a bancos, aprende suas técnicas e também passa a praticar assaltos.

Importante!

Algumas das informações centrais para a compreensão da obra aparecem nesta seção. Aproveite para refletir sobre os conteúdos apresentados.

Para saber mais

Para conhecer mais detalhes sobre as diferenças entre direito penal e criminologia, leia a obra indicada a seguir.
BACILA, C. R. **Introdução ao Direito Penal e à Criminologia**. Curitiba: InterSaberes, 2016.

Para saber mais

Sugerimos a leitura de diferentes conteúdos digitais e impressos para que você aprofunde sua aprendizagem e siga buscando conhecimento.

1.4 Definição de crime

Aproveitando a análise comparada dos conceitos de criminologia e direito penal, propomos a seguinte reflexão: Como devemos situar o conceito de *crime* diante dessas disciplinas?

Conforme demonstramos anteriormente, o direito penal aborda o crime sob o aspecto das normas e dos princípios jurídicos, buscando identificar se o delito praticado pelo sujeito é previsto por lei. De acordo com o conceito analítico dessa área, o crime é uma **ação típica, antijurídica e culpável**. Segundo um conceito denominado *material*, trata-se de uma conduta humana que ofende um bem jurídico tutelado pela lei penal. Logo, o direito penal visa à tutela de bens jurídicos, entendidos como bens ou valores socialmente relevantes, como a vida, a liberdade e o patrimônio.

A ideia de **proteção de bens jurídicos** estabelece um nexo entre o direito penal (Bustos Ramírez, 1998) e a política criminal e encontra limite nos direitos humanos com a precisão do tipo penal que descreve as condutas proibidas. O bem jurídico surge da valoração da sociedade sobre a necessidade de proteção de interesses relevantes para a comunidade.

Preste atenção!

Apresentamos informações complementares a respeito do assunto que está sendo tratado.

Tais critérios, que incluem uns e excluem outros, são reais e não seguem simplesmente o conceito de *crime* do direito penal. Assim, estar ou não sob suspeita não diz respeito exclusivamente ao conceito penal, mas também à realidade social.

Preste atenção!

Em aula ministrada na Universidade de Ottawa, Canadá, o professor João Velloso (2018) enunciou diversas situações em que o crime é praticado, mas o autor não é responsabilizado. De acordo com o professor, isso se deve, em parte, à crença social de que não é necessária a punição para alguns casos específicos. Pense em uma senhora que fala mal de outra na vizinhança (difamação), mas depois se arrepende e desmente a ofensa, admitindo que errou. As pessoas na comunidade tendem a querer abafar casos como esse. Há também, por outro lado, hipóteses em que não se sabe se a pessoa praticou ou não o crime, como nos casos de acordos com a justiça ou *plea bargain* (Velloso, 2018).

No *plea bargain*, a pessoa recebe uma consequência penal, porém, como o acordo foi efetuado antes do processo esgotar todas as provas, não se sabe se o cumpridor da medida praticou ou não o crime.

Em suas aulas, Velloso (2018) utiliza a figura do funil para demonstrar a imensa triagem que exclui da apuração determinados crimes praticados. A primeira instituição a fazer tal triagem é a polícia, que pode escolher os casos nos quais quer atuar, por questões que variam desde o interesse político até o fato de despertarem ou não grande comoção social.

---

que podiam estar presentes em diversos sujeitos, tenham eles praticado crimes ou não.

Ao falar sobre os homicidas, por exemplo, Lombroso (2001, p. 248) afirma o seguinte: "têm cabelos crespos, são deformados no crânio, têm possantes maxilares, zigomas enormes e frequentes tatuagens; são cobertos de cicatrizes na cabeça e no tronco" e "a saliência dos dentes caninos como um sinal de ameaça". Raffaele Garofalo (1851-1934), outro importante integrante da escola positiva, corrobora essa teoria ao afirmar que "os assassinos diferem muito mais dos indivíduos normais do seu país do que estes diferem da população de um país etnograficamente diverso" (Garofalo, 1997, p. 51).

Curiosidade

Garofalo foi o primeiro teórico a empregar, em sua obra, a expressão *criminologia*, que acabou denominando a área em questão.

Contradizendo as afirmações de Lombroso e Garofalo, os assassinos em série (ou *serial killers*) mais conhecidos em todo o mundo não apresentam as características mencionadas. Justamente por isso, deixaram de ser responsabilizados já nos primeiros homicídios, visto que não eram percebidos como potenciais suspeitos a serem investigados.

Na obra *Criminologia e estigmas*, realizamos um estudo aprofundado sobre essa categoria de criminosos, observando, entre outras coisas, que é enorme o número de assassinos "que não foram descobertos mais cedo porque eram pessoas consideradas normais, isto é, pessoas que para nós não tinham estigmas e, por isso, não eram associadas a investigações

---

Curiosidade

Nestes boxes, apresentamos informações complementares e interessantes relacionadas aos assuntos expostos no capítulo.

Podemos apontar como aspecto positivo da teoria ecológica a preocupação em ter o ambiente urbano como foco. Isso porque se a cidade se fizer mais presente em regiões pobres, oferecendo a elas todos os recursos públicos de que sua população necessita, esta tenderá a ter melhores condições de vida e, assim, haverá diminuição da criminalidade. No entanto, é aí que está o ponto crítico dessa teoria, isto é, direcionar a criminalidade somente para um estrato social. Tivemos a oportunidade de abordar essa questão no livro *Criminologia e estigmas*, conforme indica o estudo de caso a seguir.

Estudo de caso

Numa capital brasileira alguns crimes estavam sendo praticados na avenida que a circunda, quebrando-se os vidros dos carros para arrancar bolsas e relógios dos motoristas. Então, contrariou-se todas as técnicas de prevenção e de polícia judiciária que recomendam nestes casos – respectivamente, vigiar a região para evitar novos delitos e investigar as casas que estão armazenando os objetos roubados.

Decidiu-se cercar, durante três dias, todo o bairro pobre e revistar todos os moradores que entravam e saíam de seus domicílios. Efetuou-se buscas nas casas, em todas elas, arrombando-se portas e revistando-as residências com mandados itinerantes de busca, assustando-se as famílias, que ficavam humilhadas e tinham suas crianças traumatizadas. As crianças, especialmente, nunca esqueceriam o choque de duas ou três casas contendo bolsas e relógios roubados. Porém, quanto aos outros moradores, aumentou-se a estigmatização daquelas pessoas que moravam no bairro pobre, das crianças, que são ridicularizadas por seus amiguinhos, e

---

Estudo de caso

Nesta seção, relatamos situações reais ou fictícias que articulam a perspectiva teórica e o contexto prático da área de conhecimento ou do campo profissional em foco com o propósito de levá-lo a analisar tais problemáticas e a buscar soluções.

Questões para revisão

Ao realizar estas atividades, você poderá rever os principais conceitos analisados. Ao final do livro, disponibilizamos as respostas às questões para a verificação de sua aprendizagem.

do garantismo, que valoriza o "jogo limpo" no processo penal (maximalismo das regras) e o direito penal mínimo (somente para casos que realmente devem ser considerados crime). Por fim, indicamos que a pesquisa de campo é fundamental para a criminologia, e deve ser realizada mediante infiltração na realidade social que se pretende estudar.

Questões para revisão

1) Qual área tem como objeto de estudo as medidas estatais de prevenção e controle do crime?
   a. Direito penal.
   b. Processo penal.
   c. Criminologia.
   d. Política criminal.

2) Que metodologia permite a verificação prática de um tema já analisado pelo viés teórico?
   a. Pesquisa básica.
   b. Pesquisa aleatória.
   c. Pesquisa de campo.
   d. Pesquisa documental.

3) A teoria da associação diferencial foi desenvolvida por:
   a. Hans Kelsen.
   b. Günther Jakobs.
   c. Émile Durkheim.
   d. Edwin Sutherland.

4) Cite um exemplo de política criminal.

5) Cite três exemplos de bens jurídicos.

Questões para reflexão

1) Considerando que as leis penais devem ser feitas de acordo com o interesse geral da sociedade e não de apenas alguns grupos de poder, em que medida é importante estudar as motivações que levaram o legislador a considerar determinada conduta como crime e estabelecer a medida das penas? Procure exemplos de notícias que colocam em conflito o legislador e sua atuação no processo de elaboração de leis.

2) Elenque as diferenças entre direito penal e criminologia. Qual dessas áreas aplica a legislação? Qual delas trata das causas do crime?

Questões para reflexão

Ao propor estas questões, pretendemos estimular sua reflexão crítica sobre temas que ampliam a discussão dos conteúdos tratados no capítulo, contemplando ideias e experiências que podem ser compartilhadas com seus pares.

Imagine as seguintes situações: um comprador deixa de pagar o financiamento de seu veículo; um empregado decide descumprir diariamente o horário de trabalho; um inquilino não paga o aluguel; um pai deixa de pagar pensão alimentícia; um servidor público decide dormir no horário de trabalho. Diante dessas condutas, há de se concordar que deve haver sanção.

Em um Estado democrático, estabelece-se o primado do direito e de suas leis sobre a vontade individual que descumpre preceitos normativos. Se observarmos a sociedade hodierna, não há país que abra mão do direito, das normas jurídicas e, consequentemente, de forças públicas que assegurem o cumprimento das normas.

Independentemente da ideologia adotada por um país ou Estado, existem normas para as condutas mais importantes da vida social – as quais os cidadãos devem cumprir. Caso contrário, cada um poderia agir conforme o que achar melhor para si, independentemente das consequências sociais de seus atos. Evidentemente, nessa hipótese, não haveria um país, um Estado ou uma sociedade organizada, mas a simples ocupação

introdução

de espaços conquistados por pessoas que impõem sua vontade pela força individual ou por meio de organizações coletivas, justas ou não, respeitando os direitos humanos ou não.

No âmbito do direito (civil, administrativo, trabalhista, empresarial etc.), negar a validade de normas e suas consequências secundárias de sanção é negar o direito e preconizar uma nova sociedade, hipotética e temerária. Afirmamos isso porque, conforme mencionamos, não há modelo atual de Estado sem normas e (diante de seu descumprimento) sanções.

Entretanto, curiosamente notamos que, no âmbito do direito penal, do processo penal e também da criminologia – área da qual nos ocupamos no momento –, os devaneios são tão grandes que se tem discutido, por exemplo, em uma perspectiva abolicionista, se o Estado deve ou não sancionar aquele que, em vez de deixar de pagar o veículo que financiou, subtrai um veículo de terceiro; ou que, em vez de não pagar aluguéis, retira a vida do locador; ou que, em vez de faltar ao trabalho, coloca fogo no imóvel em que trabalha ou, ainda, decide trancar pessoas em uma sala de seu departamento. Enfim, hoje, pouco se discute se o enfermeiro ou o médico devem comparecer ao hospital para trabalhar, mas muito se debate sobre as consequências jurídicas de um delito como o de alguém que, por maldade, corta o braço de um desses profissionais da saúde.

Por esses e outros motivos, precisamos encarar a realidade de que, no Brasil, o crime tem sido analisado mais sob a ótica ideológica do que das condutas que efetivamente causam lesão a bens jurídicos. Além disso, existe, atualmente, um grande influxo de religiões, filosofias, leituras parciais, enfim, um enorme conjunto discursivo sem qualquer embasamento na realidade social ou na multidão de vítimas de condutas que são consideradas crime. É válido salientar que algumas doutrinas um tanto duvidosas se originaram em tempos remotos, quando a iluminação elétrica não existia e a luz era proveniente do óleo de baleia, por meio de pessoas isoladas de uma dinâmica social como a atual. Elas escreveram sistemas para suas épocas, seus povos e suas realidades, mas que não sabemos se realmente eram aplicáveis. Ao passo que as doutrinas mais atuais de direito penal já estão voltadas para valores da política criminal, em grande parte da criminologia o estudo da política criminal está bem pouco desenvolvido.

Nesta obra, defendemos que a criminologia deve relacionar-se mais com as propostas concretas da política criminal que se pretende desenvolver para a obtenção de uma sociedade protetora de todos os cidadãos.

Evidentemente, o estudo alienado da criminologia, sem nexo com os problemas atuais das ruas, confunde os estudiosos da matéria, visto que o crime passou a ser uma questão mais teórica do que prática, muito mais diletante do que importante para a vida das pessoas em sociedade. Ora, o que importa se uma vítima de homicídio está em uma sociedade de esquerda ou de direita? Ou, no caso de estupro, cárcere privado ou tortura, o que importa se ocorreu em um Estado religioso ou laico, com pessoas bem-educadas ou não? A tutela e proteção real e efetiva de bens jurídicos expressivos visa garantir um mínimo de paz social e qualidade de vida. É, em última análise, uma questão prática, existencial e real enfrentada pela sociedade.

Outro tema curiosamente deixado de lado pela criminologia é o estudo aprofundado da vítima e de todas as consequências do delito para a sociedade. Parece mais fácil abordar "teses" de criminologia quando se esquece da destruição de vidas e histórias pela prática de delitos, seja essa prática explicada ou não pela ciência. Se o Estado não tem a função primordial de prevenir ou reagir proporcionalmente ao delito, para que ele serve? Para desculpar o autor do delito, como se ele fosse um ser indefeso, enquanto todos os outros são culpados (incluindo as vítimas)?

Diante desse contexto, analisaremos importantes correntes da criminologia e da política criminal sob a ótica da realidade social. Verificaremos o papel das drogas na escalada do crime e sugestões para reduzir significativamente os danos provocados pelo binômio *drogas e criminalidade*. Além disso, examinaremos a necessidade da busca por um mínimo de segurança social conforme os padrões democráticos, considerando a vítima como ser de grande relevância no processo e que, por isso, merece plena tutela jurídica do Estado e do sistema penal.

Apesar disso, afastaremo-nos de qualquer tendência maniqueísta de legitimação de poder e de imposição de uma ideologia qualquer para tratar do tema do crime. De igual forma, não buscaremos explicar o inexplicável, isto é, os porquês de todos os crimes. Nessa seara, temos de ter a humildade de reconhecer que o Estado exerce a coerção penal, a força, dentro dos limites absolutos da lei estabelecidos em um Estado democrático. Assim, devemos entender que a punição é limitada e baseada nas conquistas realizadas desde o Iluminismo, como o princípio da legalidade, a abolição de meios cruéis estatais de investigação e de sanção e todos os direitos humanos de primeira dimensão (à vida, à liberdade, ao patrimônio, à dignidade etc.). Devemos compreender que isso não pode, no entanto, significar omissão em casos de crimes graves, o que nos levaria a outra injustiça: deixar cidadãos perecerem sem uma resposta estatal, estimulando que cada um resolva as coisas da forma que puder (vingança privada).

Portanto, equilibraremos, aqui, os pesos no estudo da criminologia, sem manipulações ideológicas e sem medo de discutir os temas referentes à sociedade na qual vivemos – seus efeitos reais e práticos, desvinculados e desamarrados de ideias prontas para sociedades idealizadas. Isso não significa que ignoramos que existem problemas sérios e reais nas ruas, que precisam de um debate acadêmico compromissado com a realidade.

Para facilitar a compreensão dos temas vinculados à área de criminologia, examinaremos as possibilidades práticas de utilização de cada teoria elencada.

Então, vamos adiante, com os pés na realidade.

I

Conteúdos do capítulo:

» Conceito e alcance da criminologia.
» Relação da criminologia com a política criminal, o direito penal e o processo penal.
» Importância e utilidade social da pesquisa de campo.
» Bem jurídico e conflitos do direito penal.
» Minimalismo, maximalismo e garantismo.

Após o estudo deste capítulo, você será capaz de:

1. compreender o objeto de estudo da criminologia;
2. indicar como essa área do conhecimento pode contribuir para a sociedade;
3. identificar e diferenciar conceitos fundamentais da área criminal.

Aspectos gerais da criminologia

Criminologia é a área que estuda as razões da criação do crime por intermédio das normas, da prática do delito e do tratamento diferenciado para pessoas em situações similares. Em outras palavras, essa área abrange o crime sob os aspectos individual e social, podendo ser concebida como uma espécie de sociologia do crime.

De acordo com Günther Kaiser (1978, p. 19, tradução nossa), "Criminologia é o conjunto ordenado da ciência experimental acerca do crime, do infrator das normas jurídicas, do comportamento socialmente negativo e do controle desse comportamento"*. Na concepção de Edwin Sutherland e Donald Cressey (1966, p. 3, tradução nossa), o objeto da criminologia inclui "os processos de fazer leis, de infringir leis e de reagir diante de leis violadas".

É preciso ter em mente que um dos temas fundamentais da criminologia é o estudo das **consequências do delito**, entre as quais estão aquelas associadas à vítima. Analisaremos esse importante tema mais adiante nesta obra.

Para que você compreenda melhor o conceito de criminologia, apresentaremos, a seguir, uma análise dos elementos que compõem essa área.

---

* Na versão em espanhol: "Criminología es el conjunto ordenado de la ciencia experimental acerca del crimen, del infractor de las normas jurídicas, del comportamiento socialmente negativo y del control de dicho comportamiento".

1.1 Criação e infração de leis: as reações da sociedade diante do crime

Quem faz as leis? O legislador. E quem é ele? Um ser humano, sujeito a influências diversas. Por exemplo, um político tende a considerar crime excepcionalmente grave (hediondo) uma extorsão mediante sequestro. Por outro lado, o mesmo legislador não considera crime hediondo corrupção passiva ou concussão de valores expressivos, que são crimes contra a Administração Pública. Agora, reflita sobre a seguinte questão: Qual crime é mais provável que um senador ou um deputado federal pratique: o sequestro de alguém para exigir dinheiro da família (extorsão mediante sequestro) ou a solicitação de dinheiro para aprovar uma lei que beneficia certos empresários (corrupção passiva)?

A criminologia, portanto, não perde de vista o fato de que quem faz as leis pode estar comprometido com interesses, sentimentos ou preconceitos pessoais ou de determinados grupos, o que, evidentemente, afeta a igualdade na aplicação da lei e, por que não dizer, da justiça.

Qual a razão de pessoas praticarem delitos como homicídio, estupro, latrocínio, lesão corporal grave e corrupção? O motivo que leva à prática do delito sempre vem à tona, e esse será um dos temas centrais deste livro.

Entretanto, a falta de explicação para o motivo da delinquência não pode deixar a sociedade sem reação ou indefesa diante do delito, isto é, mesmo para os casos em que o motivo do crime não é explicado pela ciência, a sociedade deve buscar meios de proteção e de justiça.

Diante da constatação da limitação humana para explicar todos os fenômenos universais, precisamos pensar juntos: Qual deve ser a postura da criminologia para que ela seja útil à comunidade?

A academia deve sempre contribuir no sentido de apontar soluções práticas para uma vida social mais digna, humana, justa e menos vulnerável à criminalidade, especialmente a que é altamente lesiva às pessoas. Nesse sentido, a **pesquisa de campo** é fundamental. Ressaltou Sutherland* (1949, p. 9-10), "Se os programas práticos tiverem que esperar que se complete o conhecimento teórico, esperarão eles a eternidade, porque o conhecimento teórico se enriquece mais significativamente a mercê dos esforços que visam ao controle social".

É preciso compreender que a teoria sem o conhecimento prático é apenas uma abstração vazia de conteúdo, mero diletantismo fútil. Da mesma maneira, a prática sem o estudo é uma força sem sentido, sem direção, sem alma. Quando conhecemos de perto a realidade que estudamos, adquirimos autoridade, confiança, propriedade e profundidade para tratar do assunto.

Por que a sociedade reage à prática de alguns delitos de maneira mais intensa do que em relação a outros? Ora, sabemos que é muito mais difícil a sociedade responsabilizar criminalmente os delitos praticados por pessoas não estigmatizadas ou "normais". Quando alguém estigmatizado, como o pobre, pratica um delito, os olhos das pessoas e instituições voltam-se para ele com muita fúria.

---

* O autor realizou pesquisas de campo em locais como instituições penais e de assistência social.

A sociedade costuma selecionar condutas consideradas intoleráveis para o convívio coletivo. No âmbito penal, elas são classificadas como crime, pois violam bens sociais fundamentais, os chamados *bens jurídicos* (vida humana, integridade física, patrimônio, liberdade física e sexual etc.).

Assim, conforme destacam Sutherland e Cressey (1966), constituem objeto da criminologia a prática do crime ou delito, a reação da sociedade, a punição, o tratamento e a prevenção do crime. Podemos acrescentar que a pessoa, o grupo ao qual ela pertence e a sociedade que está relacionada ao delito também são observados pela criminologia.

1.2 Características da criminologia

A criminologia emprega amplamente o estudo de áreas como história, filosofia, sociologia e direito para obter respostas sobre o crime e a sociedade que o envolve. No que se refere à sociologia,

> *Segundo Émile Durkheim (2001), a sociologia deveria ser estudada da forma mais objetiva possível, sem preconceitos. Apesar disso, muitos estudiosos deixam-se influenciar por conceitos prévios para realizar suas análises sociais. Esses "pré-conceitos" influenciam na avaliação correta dos problemas sociais.* (Bacila, 2017, p. 13)

Usar uma ideologia ou outra para explicar tudo o que está relacionado ao crime é deturpar a **transdisciplinaridade** da criminologia. Pensemos, por exemplo, na esfera política. Alguém que tem preferência por uma ideologia de esquerda, de direita ou pela ausência de regulamentação (anarquismo ou niilismo) e passa a "explicar" tudo com base nessas correntes está, na verdade, desviando-se do foco principal, que são o crime e sua prática.

Há aqueles que fazem longa divagação questionando, até mesmo, a existência do crime. Tudo pode ser interpelado, mas a atitude sofista não apresenta benefício algum para o fator mais importante no estudo do crime: a vida real, que acontece nas ruas, nas casas, nas faculdades, entre tantos outros lugares.

> ## Experiência profissional
>
> Alunos meus foram vítimas de assaltos e agressões quando saíam da faculdade e se dirigiam para suas residências. Estudantes universitários já foram mortos por atiradores dentro da sala de aula sem motivo aparente.

Diante desses casos, percebemos que não adianta divagar em conceitos abstratos, evitando enfrentar o problema de frente, assim como a avestruz que esconde a cabeça na terra. É necessário procurar soluções e expô-las para a comunidade.

1.3 Teorias penais e teorias criminológicas

A **criminologia** examina o crime sob os mais variados aspectos, incluindo o causal e o social, tendo em vista todas as instituições que lhe são importantes (polícia, Judiciário, Ministério Público, advocacia, penitenciária), ao passo que o **Direito Penal**, como disciplina, dedica-se ao crime sob o aspecto normativo e principiológico. Para o direito penal, *crime* é uma conduta típica, antijurídica e culpável (Bacila, 2017; 2011). Sob esse viés, é preciso questionar se determinada pessoa praticou juridicamente um crime e se está suscetível a receber pena. O **processo penal** regulamentará, então, a maneira legítima e humana de decidir se a pessoa cometeu um crime, no sentido jurídico, permitindo a aplicação da pena. Já a **política criminal** é a área que estuda as medidas estatais que podem contribuir para diminuir ou evitar a prática do crime.

A criminologia investiga, por exemplo, por que A praticou um delito e foi punido, ao passo que B praticou delito similar ou mais grave e não recebeu qualquer consequência penal. Já ao direito penal cabe a análise das condutas de A e B para verificar se são consideradas juridicamente crime e, se esse for o caso, a apresentação das condições para a aplicação da pena e a medida da pena. O processo penal, por sua vez, estabelece as regras pelas quais A e B podem ser investigados e julgados. Finalmente, a política criminal* apresenta propostas como: se houver mais iluminação pública à noite, os delitos sexuais tendem a diminuir; se houver mais policiamento nas ruas, os furtos e roubos serão menos praticados; se as investigações sobre os crimes contra a Administração Pública forem mais eficientes e valorizadas pelos tribunais, os delitos do colarinho branco diminuirão; se houver educação de trânsito nas escolas, os delitos nas ruas diminuirão.

---

* Trataremos de temas ligados à política criminal no Capítulo 10 deste livro.

> **Importante!**
>
> As teorias penais relacionam-se aos princípios e às normas penais. Nessa perspectiva, o direito penal ocupa-se do estudo do *dever ser*. Já a criminologia é empírica, relacionada ao juízo do *ser*.

Para que você tenha uma ideia mais clara da distinção entre essas áreas, veremos, a seguir, um singelo comparativo entre algumas teorias penais e criminológicas.

São **teorias penais**, por exemplo, aquelas que tratam do tipo objetivo (molde legal) e subjetivo (dolo e culpa), como a teoria causalista da ação, a teoria finalista e a teoria da imputação objetiva. Para saber se alguém praticou o delito, é necessário que essa pessoa tenha praticado uma conduta – a qual deve estar adequada a um tipo objetivo (um dispositivo legal) –, e que ela tenha pretendido realizar tal tipo (dolo) ou tenha atuado de modo descuidado (culpa).

As **teorias criminológicas** adquirem uma face completamente diferente das penais. Em criminologia, as teorias procuram entender os fatores que podem motivar ou desencadear um crime. Por exemplo, a teoria da associação diferencial de Sutherland supõe que a prática do crime decorre, na maioria das vezes, do aprendizado de técnicas de criminalidade por um indivíduo que se associa a um grupo criminoso, tal como: A se junta a um grupo que pratica assaltos a bancos, aprende suas técnicas e também passa a praticar assaltos.

> **Para saber mais**
>
> Para conhecer mais detalhes sobre as diferenças entre direito penal e criminologia, leia a obra indicada a seguir.
> BACILA, C. R. **Introdução ao Direito Penal e à Criminologia**. Curitiba: InterSaberes, 2016.

1.4 Definição de crime

Aproveitando a análise comparada dos conceitos de criminologia e de direito penal, propomos a seguinte reflexão: Como devemos situar o conceito de *crime* diante dessas disciplinas?

Conforme demonstramos anteriormente, o direito penal aborda o crime sob o aspecto das normas e dos princípios jurídicos, buscando identificar se o delito praticado pelo sujeito é previsto por lei. De acordo com o **conceito analítico** dessa área, *crime* é uma ação típica, antijurídica e culpável. Segundo o **conceito material**, *crime* é uma conduta humana que ofende um bem jurídico tutelado pela lei penal. Logo, o direito penal visa à tutela de bens jurídicos, entendidos como bens ou valores socialmente relevantes, como a vida, a liberdade e o patrimônio.

A ideia de **proteção de bens jurídicos** estabelece um nexo entre o direito penal (Bustos Ramírez, 1998) e a política criminal e encontra limite nos direitos humanos com a precisão do tipo penal que descreve as condutas proibidas. O bem jurídico surge da valoração da sociedade sobre a necessidade de proteção de interesses relevantes para a comunidade.

O desequilíbrio na tutela do bem jurídico, tanto no sentido da aplicação de pena indevida quanto no sentido da não tutela penal, leva a prejuízos e danos sociais (Bacila, 2011). Quando se criminalizam condutas não lesivas para a sociedade ou se deixa de responsabilizar e de punir infratores graves, a sociedade perde e sofre um lamentável decréscimo de qualidade.

A criminologia apresenta debate bastante diverso sobre o conceito de *crime*. Em primeiro lugar, ao se adotar o conceito proveniente do direito penal de *crime*, alguns problemas a serem discutidos na criminologia saltam aos olhos. Será que uma quantidade expressiva de pessoas que praticam condutas conceituadas como crime são efetivamente responsabilizadas? Sabemos que isso não ocorre. Estima-se que a taxa de não responsabilização de delitos como estupro, furto, estelionato e corrupção passiva pode atingir mais de 90% de casos, conforme você verá mais detalhadamente quando abordarmos essa cifra oculta. Assim, se o delito é praticado, mas não tem uma taxa de responsabilização efetiva, este passa a ter reflexo social expressivo, tornando-se objeto de pesquisa da criminologia.

Há outros motivos que levam a criminologia a questionar o conceito de *crime* adotado pelo direito penal. O fato de descobrirmos o autor de um crime não indica que ele efetivamente será considerado pela sociedade como autor do delito. Algumas pessoas são rapidamente consideradas como autoras de um crime por serem **estigmatizadas** (em razão da condição social, raça, religião etc.). Por outro lado, outras são facilmente descartadas da prática de um delito por não serem estigmatizadas ou por fazerem parte de um **grupo social importante** (como o governo, os poderes estatais e o Ministério Público).

Tais critérios, que incluem uns e excluem outros, são reais e não seguem simplesmente o conceito de *crime* do direito penal. Assim, estar ou não sob suspeita não diz respeito exclusivamente ao conceito penal, mas também à realidade social.

> ### Preste atenção!
>
> Em aula ministrada na Universidade de Ottawa, Canadá, o professor João Velloso (2018) enunciou diversas situações em que o crime é praticado, mas o autor não é responsabilizado. De acordo com o professor, isso se deve, em parte, à crença social de que não é necessária a punição para alguns casos específicos. Pense em uma senhora que fala mal de outra na vizinhança (difamação), mas depois se arrepende e desmente a ofensa, admitindo que errou. As pessoas na comunidade tendem a querer abafar casos como esse. Há também, por outro lado, hipóteses em que não se sabe se a pessoa praticou ou não o crime, como nos casos de acordos com a justiça ou *plea bargain* (Velloso, 2018).
>
> No *plea bargain*, a pessoa recebe uma consequência penal, porém, como o acordo foi efetuado antes do processo esgotar todas as provas, não se sabe se o cumpridor da medida praticou ou não o crime.
>
> Em suas aulas, Velloso (2018) utiliza a figura do funil para demonstrar a imensa triagem que exclui da apuração determinados crimes praticados. A primeira instituição a fazer tal triagem é a polícia, que pode escolher os casos nos quais quer atuar, por questões que variam desde o interesse político até o fato de despertarem ou não grande comoção social.

A questão que surge é: se o conceito de crime é apresentado pelo direito penal, mas, na vida social, não tem correspondência minimamente próxima de uma taxa aceitável, ele precisa ser questionado. Logo, será que o conceito de *crime* está suficientemente embasado na realidade para se autossustentar como tal?

Apesar de todas as dificuldades que o conceito apresenta, simplesmente abandoná-lo não nos parece ser o melhor caminho. Considerando que punições para crimes são aplicadas em todos os países do mundo, é necessário, pois, garantirmos um processo penal limpo e uma pena proporcional ao delito praticado (pena justa), tipificando como crime somente as condutas realmente graves para a vida social. Essa visão é denominada **minimalismo penal**, cujo tema retomaremos adiante.

> ### Experiência profissional
>
> Atuei durante seis anos na área de homicídios, dois anos observando e entrevistando pessoas que utilizavam drogas e praticavam delitos diversos, mais de dois anos na área de sequestros de adultos e crianças, crimes ambientais, crimes de fronteira e tantos outros assuntos.
>
> Durante mais de duas décadas, entrevistei milhares de pessoas que entraram em conflito sério com a lei e pude entender um pouco o que diferencia um caso simples ou inofensivo à sociedade de um caso grave, que merece uma intervenção penal realmente proporcional, rápida e justa.

Os crimes e as penas são formulados pelas codificações de todos os países. A sanção penal se expressa como um exercício de poder, logo, é necessário regulamentar e restringir o conceito de *crime* e a punição criminal para evitar o arbítrio do Estado e, assim, oferecer reais garantias de defesa às pessoas suspeitas. Esse aspecto é chamado **garantismo** ou **maximalismo processual penal**.

Por outro lado, deixar de considerar crime as condutas mais graves e lesivas a bens jurídicos, como sustenta o **abolicionismo**, sem dúvida abre espaço para o retorno expressivo da vingança privada individual e coletiva, como acontece nos linchamentos ocasionais. A ausência de sistema penal instituído abre caminho para soluções particulares em forma de vingança, bem como para a desorganização social sob diversas formas.

Inobstante, a criminologia analisa não somente o conceito acadêmico ou jurídico de crime, mas também como esses conceitos são aplicados ou não na sociedade e quais são suas consequências. No âmbito das consequências do delito, analisaremos adiante a vítima, elemento que tem tanta importância quanto o próprio autor do crime.

Enfim, reconhecemos que o conceito de *crime* e as condutas classificadas como tal, bem como a forma de atuação estatal de prevenção do delito (política criminal) e o próprio protagonismo ou não da vítima, dependem da teoria e da concepção política que se adota.

Contudo, antes de abordarmos as concepções criminológicas propriamente ditas, examinaremos, no próximo capítulo, um aspecto que consideramos o maior problema atual da criminologia: o desenvolvimento de doutrinas criminológicas vinculadas a preconceitos econômicos, políticos e ideológicos, as quais não conseguem desvincular-se de seus dogmas para pensar simplesmente em uma sociedade livre de índices inaceitáveis de criminalidade.

> ## Para saber mais
>
> Para aprofundar seus conhecimentos sobre direito penal, recomendamos a obra indicada a seguir.
> BACILA, C. R. **Teoria da imputação objetiva no direito penal**. Curitiba: Juruá, 2008.
>
> Caso tenha interesse em lecionar algum dia, leia o livro a seguir, que apresenta técnicas bem interessantes para a atividade docente.
> BACILA, C. R. **Nos bastidores da sala de aula**. Curitiba: InterSaberes, 2014.

Síntese

Neste capítulo, explicamos que a criminologia é o estudo do crime do ponto de vista social e individual, tendo em vista as consequências do delito para a vítima. A política criminal, por sua vez, constitui as medidas estatais de prevenção ao delito. Ela deve utilizar o conhecimento da criminologia e respeitar os direitos humanos. Já o direito penal, por se tratar de matéria relacionada ao conteúdo normativo, define o crime sob o aspecto jurídico.

Outro conceito importante que abordamos foi o de bem jurídico, que se refere a um bem de relevante interesse social, o qual deve ser protegido pelo direito. Ainda nessa esfera, analisamos o papel do processo penal, que é estabelecer a forma de investigação do delito para a realização da justiça, respeitando-se os direitos humanos. Esse também é objetivo do garantismo, que valoriza o "jogo limpo" no processo penal (maximalismo das regras) e o direito penal mínimo (somente para casos que realmente devem ser considerados crime). Por fim, indicamos que a pesquisa de campo é fundamental para a criminologia e deve ser realizada mediante infiltração na realidade social que se pretende estudar.

Questões para revisão

1) Qual área tem como objeto de estudo as medidas estatais de prevenção e controle do crime?
    a. Direito penal.
    b. Processo penal.
    c. Criminologia.
    d. Política criminal.

2) Que metodologia permite a verificação prática de um tema já analisado pelo viés teórico?
    a. Pesquisa básica.
    b. Pesquisa aleatória.
    c. Pesquisa de campo.
    d. Pesquisa documental.

3) A teoria da associação diferencial foi desenvolvida por:
    a. Hans Kelsen.
    b. Günther Jakobs.
    c. Émile Durkheim.
    d. Edwin Sutherland.

4) Cite um exemplo de política criminal.

5) Cite três exemplos de bens jurídicos.

Questões para reflexão

1) Considerando que as leis penais devem ser feitas de acordo com o interesse geral da sociedade, e não de apenas alguns grupos de poder, em que medida é importante estudar as motivações que levaram o legislador a considerar determinada conduta como crime e estabelecer a medida das penas? Procure exemplos de notícias que colocam em conflito o legislador e sua atuação no processo de elaboração de leis.

2) Quais as diferenças entre direito penal e criminologia? Qual dessas áreas aplica a legislação? Qual delas trata das causas do crime?

II

Conteúdos do capítulo:

» Influência excessiva de pensamentos econômicos ou políticos na criminologia.
» O problema das ideologias na tentativa de explicar crimes.
» O crime como fator complexo e gerador de danos às sociedades.
» Diferentes motivadores e ausência de motivação de crime.
» Anarquismo, marxismo e capitalismo.
» Tratamento de diferentes espécies de crime.
» A realidade da criminologia crítica.

Após o estudo deste capítulo, você será capaz de:

1. compreender em que medida correntes políticas exageram em seus poderes para apontar soluções para a criminalidade;
2. identificar diversos discursos ideológicos de "mundo sem crime";
3. avaliar os limites ideológicos para a explicação do crime;
4. reconhecer as ideologias como disciplinas que podem "contribuir" para a diminuição da criminalidade, mas que não fornecem "fórmulas absolutas" para explicar o crime na sociedade.

Correntes da criminologia pautadas em argumentos econômicos ou políticos

Neste capítulo, examinaremos três perspectivas político-econômicas e as ideias de seus criadores, bem como as influências dessas vertentes na criminologia. Conhecer as ideias originais do anarquismo, do marxismo e do capitalismo permitirá perceber que essas propostas não estão direcionadas especificamente à criminalidade, mas a conjunturas estatais e econômicas. Nesse contexto, essas correntes podem contribuir para o estudo do crime nas sociedades, mas jamais devem ser encaradas como "soluções definitivas".

2.1 William Godwin e a liberdade fictícia

William Godwin (1756-1836), filósofo e político inglês que viveu na época do Iluminismo, foi o precursor do **anarquismo**. Ele sustentava que as pessoas, naturalmente boas, eram corrompidas pelo Poder Público, e que se alguém praticasse um crime deveria sofrer leve repreensão e educação. Afinal, para o autor, a causa de todos os males sociais era o Estado.

Podemos reconhecer como aspecto positivo do anarquismo a aceitação da liberdade do ser humano. Essa visão permite-nos olhar com mais empatia para as pessoas consideradas não convencionais, aceitar as diferenças e ver um mundo com muito mais opções. Por outro lado, o aspecto negativo do anarquismo decorre do fato de a ausência de um Estado implicar **vingança privada individual** (sujeita ao modo de agir de cada indivíduo) ou **vingança privada coletiva** (organizada por agrupamentos coletivos para retaliar os delitos praticados). Essas duas formas de resposta ao crime demonstraram ser desproporcionais e injustas, tanto que até geraram conflitos que arriscaram a própria sobrevivência das sociedades primitivas. Voltar a uma metodologia tão primitiva sem um estudo profundo de todas as suas prováveis consequências é bastante temerário. Sabemos que as formas atuais de vingança privada individual e coletiva são extremamente indesejáveis em uma sociedade progressista. Ainda assim, elas podem ser vistas em organizações criminosas (prisões dominadas por facções, regiões dominadas pelo tráfico), em linchamentos e, até mesmo, em crimes praticados individualmente. Algumas dessas formas serão debatidas mais adiante.

> Preste atenção!
>
> Um dos famosos anarquistas que sucederam Godwin foi Pietro Gori (1865-1911), italiano que fomentou o anarquismo em várias partes do planeta e discutiu teses relacionadas ao crime. Os caminhos do anarquismo levaram paradoxalmente à violência como forma de insurgência contra o Estado, como no atentado com explosivos realizado contra o Czar Alexandre II.

As teses da criminologia que sustentam o **abolicionismo penal** acabaram adotando as consequências do anarquismo. De igual modo, a denominada *criminologia crítica*, em parte marxista, em parte inspirada no *labelling approach*, adota as consequências do anarquismo na área penal.

2.1.1 Vingança privada e abolicionismo

A primeira resposta ao crime percebida na humanidade foi a **vingança privada individual**. Imaginando nossos ancestrais, podemos conceber que, se algum deles fosse agredido, ele responderia a isso da maneira que pudesse. Hoje, entendemos que fazer justiça com as próprias mãos é um exercício arbitrário e ilegal. Contudo, alguém que atualmente reage a um estelionato perseguindo o autor do crime e tirando-lhe a vida está reproduzindo essa primeira forma de reação ao crime.

A segunda forma de resposta ao delito foi a **vingança privada coletiva**. A família, o clã ou a tribo passou a se organizar para reagir ao delito de maneira improvisada, porém com o apoio do grupo. Perseguir alguém que furtou a caça de uma família e expulsá-lo da tribo, bem como toda a sua família – praticamente condenando à morte todas essas pessoas, dada a dificuldade de sobrevivência –, poderia ser considerado um exemplo de vingança privada coletiva. Na atualidade, observamos essa resposta ao delito nas organizações clandestinas, como ocorre em grupos organizados ilegalmente nos presídios, em grupos de linchamento ou locais públicos nos quais criminosos estabelecem regras duras para quem praticar crimes que desagradam ao bando.

Evidentemente que a vingança privada, quer no aspecto individual, quer no aspecto coletivo, não pode ser aceita como uma forma contemporânea de reação ao delito. Isso foi observado ainda nos primórdios da humanidade, quando as comunidades antigas notaram que esse sistema era desproporcional e injusto, pendendo para quem tinha mais força (vingança privada individual) ou se organizava melhor (vingança privada coletiva). Além disso, esse sistema apresentava péssimos resultados, visto que famílias, clãs e tribos se extinguiam.

Atualmente, notamos algumas correntes que preconizam a extinção do direito penal e, até mesmo, do direito ou do Estado, como é o caso do anarquismo, do niilismo e do abolicionismo.

O **abolicionismo** sustenta que o sistema penal tem causado tantos males à sociedade que seria melhor a extinção da pena, abolindo-se completamente o direito penal (daí a denominação *abolicionismo*). Com a devida vênia, se adotado, tal posicionamento levaria a sociedade a uma injustiça ainda maior, porque ao não se adotar uma solução pública ou estatal, o indivíduo voltaria a reagir da maneira que lhe aprouvesse, segundo sua subjetividade e suas concepções pessoais. Por outro lado, os grupos se organizariam para defender interesses legítimos ou não. O resultado seria o retorno ao período da vingança privada, o que não se pode aceitar como proposta atual para o sistema penal.

2.2 Karl Marx e a opressão do Estado

As produção do sociólogo e economista alemão Karl Marx (1818-1883) deu origem ao que hoje conhecemos como *teoria marxista*. Em sua obra *O capital*, Marx apresenta uma crítica política e econômica ao sistema capitalista, mas não analisa a questão da criminalidade de maneira aprofundada. Ao relatar um furto de lenha por parte de lavradores pobres que precisavam aquecer-se e preparar comida, o autor define esse ato como uma forma de rebelião contra o sistema.

No Brasil, até a década de 1970, sustentou-se com muita profusão a tese da **criminologia marxista**, também conhecida como ***criminologia crítica* ou *radical***, a qual abordaremos a seguir.

Desigualdades sociais e econômicas acentuadas podem contribuir para a elevação das taxas de criminalidade. Por isso, toda sociedade deve procurar o equilíbrio, conferindo a todos condições básicas de educação, moradia, saúde, segurança etc.

A crítica marxista aos abusos do sistema capitalista clássico está correta em muitos aspectos, e por isso deve ser respeitada e estudada. No entanto, atualmente, a maioria das pessoas que pratica delitos contra o patrimônio não se interessa por política, muito menos por atos políticos contra o sistema capitalista. Muitos que furtam e roubam estão interessados em objetivos individuais.

Além disso, apesar de países inspirados no socialismo marxista terem conseguido diminuir drasticamente crimes contra o patrimônio, em virtude do intenso controle do Estado na vida das pessoas, os crimes contra a vida e a liberdade tiveram um aumento extraordinário.

Para ajudarmos a diminuir a taxa de crimes, basta adotarmos isso como meta real. Retomaremos esse assunto mais adiante.

2.2.1 Criminologia crítica e a ideologia de esquerda para tratar do crime

A criminologia crítica teve bastante ressonância no Brasil, especialmente nos últimos anos. O fenômeno é compreensível, uma vez que o estudo do crime foi muito descuidado e relegado a retalhos lombrosianos* pela maioria dos autores e professores de Criminologia da década de 1970. Esses estudiosos fundamentavam a incipiente disciplina autônoma de Criminologia na preconceituosa e estigmatizadora escola positiva de Cesare Lombroso (1835-1909), a qual analisaremos adiante.

---

* Cesare Lombroso atribuía a prática criminosa a pessoas que já nasciam predispostas ao crime e que eram identificadas por aspectos físicos. De acordo com o autor, os criminosos pertenceriam a uma subespécie animal.

Foi nesse contexto que os adeptos do marxismo vislumbraram não uma forma de estudar o crime, mas de divulgar as ideias marxistas no âmbito da criminologia. Em outras palavras, a criminologia crítica é a adaptação das ideias marxistas na cadeira de Criminologia.

O resultado disso é pouca ou nenhuma pesquisa de campo (de direita ou de esquerda). Além disso, as críticas feitas à realidade não têm a preocupação de apontar soluções práticas e imediatas para a sociedade. Veremos mais adiante, no estudo da vitimologia, que a vítima é praticamente desconsiderada ou inexistente para esse discurso, que pretende ser onipotente, mas que, na verdade, empresta quase todas as críticas das correntes que o antecederam, sem dar-lhes o devido crédito.

Nosso objetivo aqui não é afirmar a inutilidade da criminologia crítica, mas revelar que, até o momento, essa corrente não tem apresentado soluções úteis para a sociedade. Ao contrário, ela tem desperdiçado a oportunidade de prestar auxílio a milhares de vítimas de delitos, que são praticamente desconsideradas por ela.

Na verdade, é imprescindível pensar nas pessoas reais que sofrem delitos e, evidentemente, nos desvios do sistema, algo que tem sido abordado por várias outras correntes, como a de Edwin Sutherland (1883-1950) – que, por não ter adotado um viés político, parece ter sido sorrateiramente deixada de lado no discurso criminológico.

Vejamos, a seguir, o que alguns autores comentam sobre a criminologia crítica. Primeiramente, é importante destacar a confusão do marco teórico, visto que alguns de seus integrantes não aceitam ser chamados de *marxistas* (Larrauri, 1992).

Elena Larrauri (1992) destaca a crítica de que a criminologia crítica apenas retomou todas as críticas já existentes ao sistema (cifra oculta, seletividade, etiquetamento etc.), sem desenvolver nada original. O que podemos identificar como original nessa vertente é a utilização da **concepção econômico-política** de Marx para explicar o delito – em um determinismo mecânico e econômico (o velho paradigma etiológico) –, no sentido de que o crime é gerado pela desigualdade de classes, sendo o criminoso um rebelde contra o sistema capitalista opressor (Larrauri, 1992). Evidentemente que uma concepção dessas ignora completamente que a maioria dos crimes contra o patrimônio não tem nada de ideológico, visto que está relacionada ao oportunismo e enriquecimento individual. Pessoas ricas, da classe média e pobres furtam, roubam, apropriam-se do dinheiro alheio não para expressar revolta, mas para levar vantagem sobre os outros.

Saindo da esfera patrimonial, tratar do marxismo na esfera criminal é um exercício "mágico". Não entenda isso como uma afronta à filosofia, política ou teoria econômica marxista, mas considere que utilizar o marxismo para explicar temas como estupro, assassinatos em série e crimes passionais é um grande desafio, pois tais crimes nada têm a ver com determinismo econômico.

Uma sociedade equilibrada economicamente, ou seja, educada, com saúde e respeito ao outro, diminuirá em muito o índice de criminalidade, mas não o reduzirá a zero. Afinal, a mudança no sistema de governo também altera as espécies de crime. Em Estados radicalmente comunistas, por exemplo, os crimes contra a vida para a obtenção ou a manutenção do poder de determinado partido aumentam expressivamente. Enfim, mesmo que entendêssemos que uma sociedade completamente igualitária reduziria absurdamente a criminalidade (esse exercício mental é bastante audacioso, porque é difícil imaginar uma "sociedade de iguais" em qualquer sentido), o que faríamos hoje com os crimes que acontecem diariamente nas ruas, diante de nossos olhos, vitimizando milhares de pessoas?

Acurada é a percepção de Salo de Carvalho (2013, p. 114) ao afirmar que "a criminologia crítica, [...] embebida pelo discurso sociológico, submeteu-se aos reducionismos economicistas, produzindo novos causalismos". Outra observação de Carvalho (2008) que deve ser muito refletida pelos próprios integrantes da criminologia crítica é a de que essa corrente não defende os direitos humanos.

Com efeito, os principais nomes da criminologia crítica são Ian Taylor (1944-2001), Paul Walton e Jock Young (1942-2013). Entretanto, conforme alerta Gabriel Ignácio Anitua (2008), os referidos autores foram bastante criticados por tentarem improvisar doutrinas alheias como se fossem marxistas, manipulação esta que não pode ser aceita. O autor pondera o seguinte:

> [o] termo "criminologia crítica", inspirado na citada tradição da Escola de Frankfurt, começou, nos Setenta, a unificar várias posições distintas, que iam desde o interacionismo até o materialismo, e que se assemelhavam mais naquilo que criticavam do que naquilo que propunham. Foi essa a avaliação de Stanley Cohen, em Imagens do Desvio, de 1972. Isso seria, sem dúvida, o maior inconveniente desse tipo de criminologia, assim como o da maioria dos movimentos iniciados na complicada década de 1970. Se um determinado projeto sempre acarreta contradições e dificuldades, estas últimas se multiplicarão no caso da elaboração de um "anteprojeto", pois a forma especular recebe os problemas aos quais reflete e, além disso, os amplia. O projeto da "criminologia crítica" teve esse destino, o que levou alguns autores a pensar que

a única maneira de ser realmente crítico era deixando de ser criminológico*. (Anitua, 2008, p. 657)

Veremos a seguir, no entanto, que a intromissão da ideologia de direita na criminologia tampouco foi útil para a disciplina.

2.3 Teses burguesas ou de direita

A filosofia do "deixar fazer, deixar passar" foi idolatrada como a melhor concepção para os povos viverem felizes. Contudo, os problemas relativos a deixar as coisas sem controle estatal surgiram tão naturalmente quanto a previsão de Adam Smith de que "a manutenção deficiente dos trabalhadores pobres constitui o sintoma natural de que a situação encontra-se estacionária, ao passo que a condição de fome dos trabalhadores é sintoma de que o país está regredindo rapidamente" (Smith, 1985, p. 97).

Um dos escritores que melhor retratou a situação de abuso e exploração desmedida vivida pelos trabalhadores no início do século XX foi Jack London (1876-1916). Ele mesmo trabalhou em condições subumanas na Califórnia em troca de um salário ínfimo, a fim de verificar como as coisas eram difíceis para a maioria dos trabalhadores.

---

* Sobre esse tema, veja Bacila (2017, p. 28-30).

> **Preste atenção!**
>
> Em seu escrito *O vagabundo e a fada*, London faz uma descrição magnífica de Ross Shanklin, uma pessoa que vivia ao relento e tinha uma história de vida muito triste. Acusado falsamente pelo furto de um cavalo, ele passou muitos anos preso e sofreu muito por isso. Apesar de ser uma boa pessoa e digno, para os padrões sociais da época Ross era considerado um "vagabundo".
>
> O que London faz de genial em seu texto é transformar o "vagabundo" no herói do conto, em uma época em que o modelo de herói era o de uma pessoa rica e bem-sucedida. Essa subversão de valores não foi por acaso e mostrou que deixar as coisas acontecerem sem controle gera injustiças de poder que se disseminam em vários estratos sociais, inclusive no âmbito criminal.

Os desvios não reparados racionalmente pelas pessoas são corrigidos por acontecimentos imponderáveis. Exemplo disso é que a adoção do capitalismo sem controle foi adorada até que, no final do século XIX, surgiu a primeira grande crise capitalista, e o mundo se deparou com uma ampla **depressão econômica**. Aos poucos a economia mundial se recuperou, mas, depois da Primeira Grande Guerra (1914-1918), veio a crise da Bolsa de Nova York, em 1929, e as coisas realmente se complicaram no mundo inteiro, com quebras em todos os mercados. Esse segundo evento mudou a concepção de que o Estado não deveria intervir na economia. A política do *Welfare State* (Estado de bem-estar social) foi então implementada pelo presidente Franklin D. Roosevelt (1882-1945).

No âmbito da criminologia, a maior crítica ao sistema capitalista foi feita por Edwin Sutherland, o qual demonstra que esse sistema costuma punir somente os pobres, deixando os criminosos das classes média e alta escaparem ilesos do sistema penal.

Preste atenção!

Em 1982, George Kelling (1935-2019) e James Wilson (1931-2012) publicaram um artigo intitulado "Janelas quebradas", sustentando a ideia geral de que uma casa com a janela quebrada tende a ser alvo de vandalismo e outros danos. De acordo com essa concepção, a imagem de algo abandonado e descuidado estimula a criminalidade. Destarte, no raciocínio inverso, a organização aparente ou a beleza exterior levaria à contenção da criminalidade (Bacila, 2017).

O mais conhecido simpatizante das ideias de Kelling e Wilson foi o prefeito de Nova York Rudolph Giuliani, que, em 1990, precisou investir muito dinheiro no aparato policial para colocar tais ideias em prática. Parcerias com a justiça foram feitas para que se prendesse e julgasse rapidamente todas as pessoas que praticavam desvios visíveis na rua, desde portar pequena quantidade de drogas até pichar muros ou dormir nas praças. Esse programa ficou conhecido como **Tolerância Zero**.

No livro *Introdução ao direito penal e à criminologia*, comentamos o seguinte sobre esse programa criminal radical de direita:

> Se, por um lado, a sensação de segurança do indivíduo médio aumentou, por outro, esse programa foi alvo de uma série de críticas bastante razoáveis: custo do aumento do número de policiais e de vagas nas cadeias; violação dos direitos humanos; foco em pequenos delinquentes enquanto os criminosos da lavagem de dinheiro, do narcotráfico e dos crimes do colarinho branco e ambientais passeiam nas ruas bem arrumados. (Bacila, 2017, p. 33)
>
> Conforme é possível perceber, a ideia de que uma casa com vidraça quebrada tende a ser vandalizada e invadida, ao passo que lugares arrumados tendem a ser respeitados não se sustentou na prática, visto que apenas levou o Poder Público a vigiar e perseguir pessoas que praticavam pequenos delitos nas ruas.
>
> Evidentemente, não temos de defender a falta de zelo de casas e do patrimônio público. Esse cuidado é uma virtude, pois a organização contribui para a autoestima das pessoas. O que devemos criticar é uma postura de intolerância a qualquer comportamento não convencional, como se ela resolvesse o problema da criminalidade que, como vimos, está inserida até mesmo nas instituições de controle.

O aspecto positivo da ideologia de direita é sua contribuição para a **liberdade política**. Se pensarmos nesse aspecto, não é pouca coisa optar pela liberdade. O que não podemos deixar de considerar é que o poder ocupado no espaço econômico não se pode sobrepor à sociedade toda.

Uma das consequências negativas do capitalismo é a opressão que muitos praticam às pessoas desfavorecidas economicamente.

O poder econômico acaba exercendo influência em áreas que democraticamente não poderiam ter influência nenhuma, como é o caso do Judiciário, do Legislativo e do Executivo.

2.3.1 Ideologia de direita e as dificuldades para um estudo imparcial do crime

Da mesma forma que a ideologia de esquerda não tem como fornecer uma explicação e, muito menos, uma solução para problemas tão complexos como os crimes de variados matizes que afetam uma sociedade, lesionando ou ameaçando diversos bens jurídicos, a ideologia de direita não tem como absorver a disciplina da criminologia. Não se trata de criticar esquerda ou direita, mas de procurar ater-se a problemas criminais que afetam a comunidade sem a imposição do foco econômico, político ou filosófico, tendo em vista a discussão sobre delitos que são diferentes e, muitas vezes, não têm relação entre si. A imposição de ideologias e políticas tenta sobrepor-se à análise de campo, à prática do delito e, até mesmo, à política criminal. Por vezes, tem-se a impressão de que a questão do crime foi deixada em segundo plano, atendo-se somente a abstrações divagadoras.

A visão da ideologia de direita expressa-se desde o Iluminismo, com a própria escola clássica, que se atém ao puro discurso da lei e do livre-arbítrio, quando, na verdade, o sistema pende a favor dos membros mais ricos e influentes da sociedade. É uma espécie de cinismo acreditar que tudo está claro e basta cumprir a lei, mesmo quando as instituições favorecem os poderosos de todas as maneiras. Quando o favorecimento não é intencional, ocorre de forma a atender a metarregras que prejudicam as pessoas mais pobres, algo que denominamos de **estigma da pobreza**.

A escola positiva não mudou a visão distorcida de um capitalismo emergente e encantado com seus poderes. Os criminosos que foram utilizados como amostras para embasar os estudos de Lombroso, Ferri e Garofalo eram provenientes somente dos extratos pobres e miseráveis da população. Esse fato foi muito bem descrito por Sutherland, no sentido de que, até seu tempo, a criminologia dava ênfase ao problema criminal do pobre, mas não ao problema criminal geral.

A grandiosidade da obra de Sutherland não foi reconhecida em virtude de contrariar o interesse dos poderosos capitalistas. Por outro lado, o autor não se filiou à ideologia da esquerda para legitimar que tudo estaria resolvido se fosse adotada outra linha política ou econômica. Ao contrário, Sutherland viu que o crime pode ocorrer em todos os estratos sociais e que a sociedade pode diminuir a incidência do crime, desde que tenha organização para efetivá-la.

Nessa perspectiva de superinfluência de discursos na criminologia, cabe-nos refletir também sobre outras influências, como a religiosa. Analisaremos o assunto adiante, quando nos debruçarmos sobre os estigmas.

Com o objetivo de apresentar as diversas perspectivas de crime desenvolvidas pela criminologia, nos capítulos a seguir verificaremos como se manifestam os principais pensamentos criminológicos, desde o nascimento da criminologia até os dias atuais.

> ## Para saber mais
>
> Para desenvolvermos um pensamento livre de abusos ou excessos ideológicos, o melhor caminho é a leitura sem preconceito dos mais diversos posicionamentos e tendências. Nesse sentido, recomendamos a você a leitura do seguinte romance, no qual o protagonista lê clássicos da literatura e procura desenvolver métodos próprios para resolver variados problemas.
>
> BACILA, C. R. **Bob London lê e vira o jogo**: a alucinante história de um jogador de pebolim. 5. ed. Curitiba: Amazon, 2019. eBook Kindle.

Síntese

Demonstramos, neste capítulo, que algumas ideologias, como o anarquismo, o marxismo e o capitalismo, são adotadas de forma exagerada na criminologia, levando à perda de foco com relação ao crime e à sua realidade diante da sociedade e das pessoas envolvidas. Conforme pudemos constatar após essa análise, o crime tem realidades múltiplas e não pode ser explicado por uma fórmula geral, especialmente por teorias políticas ou econômicas.

Questões para revisão

1) Que programa de política criminal foi implementado na década de 1990 pelo prefeito de Nova York, Rudolf Giuliani, com o objetivo de diminuir a criminalidade das ruas?
   a. Tolerância Zero.
   b. Política Azul.
   c. *Welfare State*.
   d. Bem-estar Social.

2) A crítica feita ao abolicionismo da pena na sociedade, no sentido de resposta social, é conhecida como:
   a. *Welfare State*.
   b. Tolerância Zero.
   c. Amizade entre os Povos.
   d. Vingança Privada.

3) Sobre a criminologia crítica, é possível afirmar que:
   a. constitui uma disciplina baseada na pesquisa de campo.
   b. tem um objeto de estudo próprio e original.
   c. caracteriza-se pela adaptação do marxismo em seu discurso.
   d. defende soluções práticas e imediatas para diminuir a criminalidade.

4) Cite exemplos de crimes que não têm relação com aspectos econômicos ou políticos.

5) Quais são as correntes ideológicas inclinadas a absorver o discurso criminológico?

Questões para reflexão

1) Vontade de poder ou fanatismo intelectual: em sua visão, qual(is) seria(m) o(s) fator(es) a impulsionar a tentativa de incorporar a criminologia nos discursos político-econômicos?

2) A falta de pesquisa de campo pode levar alguns acadêmicos a direcionarem a criminologia para âmbitos muito abstratos? Por quê?

III

Breve história do crime e das primeiras ideias criminológicas

Conteúdos do capítulo:

- » Iluminismo e surgimento das ideias que fundaram a criminologia.
- » Nomes que influenciaram o nascimento da criminologia.
- » Cesare Beccaria e a revolução de conceitos.
- » A obra *Dos delitos e das penas*.
- » Francesco Carrara e a construção da ciência penal.
- » Escola clássica e seus pressupostos iluministas.
- » As lacunas da escola clássica.
- » Escola positiva de Cesare Lombroso e a oficialização dos estigmas acadêmicos.
- » Obscurantismo das ideias de Lombroso nos tempos atuais.

Após o estudo deste capítulo, você será capaz de:

1. avaliar o ambiente de desenvolvimento das ideias que culminaram no surgimento da criminologia;
2. identificar os preceitos da escola clássica e o crédito demasiado dado à legalidade;
3. elencar os desvios que eram cometidos no direcionamento da lei para as pessoas estigmatizadas;
4. analisar a escola positiva de Lombroso e seus erros metodológicos e de conceitos;
5. entender a origem histórica de tantas ideias preconceituosas na criminologia, as quais subsistem até os dias atuais.

Assim como os períodos mais remotos da humanidade, a Idade Média também foi uma época de muito sofrimento em virtude de múltiplos fatores, desde guerras e opressão do pensamento até epidemias que dizimaram parte da população. É com razão que se denomina tal período de *Idade das Trevas*. Um dos principais problemas do período medieval foi, certamente, o estabelecimento de um processo penal desumano e irracional, fundamentado na tortura. No século XVIII, passou-se a contestar firmemente esse estado de coisas, o que deu origem a uma nova percepção de mundo: o Iluminismo. A luz desse movimento, em oposição ao Período das Trevas, revelou nomes muito importantes, os quais também tiveram expressão na área criminal. Neste capítulo, analisaremos a produção de alguns desses teóricos e suas contribuições.

3.1 Jean-Paul Marat e Pietro Verri

É especialmente interessante como Jean-Paul Marat (1743-1793) é pouco comentado na criminologia. Acreditamos tratar-se de um autor que deveria ser muito lido e estudado na área, pois pode ser tido como o precursor da criminologia.

Considerado o *Amigo do Povo*, esse revolucionário francês muito se ocupou da questão criminal. Para ele, o **sentido social** é fundamental (Coquard, 1996): como as pessoas são diferentes — algumas são pobres e não tiveram oportunidade de receber uma boa educação, e outras são ricas e sabem muito bem o que fazem —, não se pode aplicar a mesma pena para todas.

Se dois sujeitos furtam, mas um o faz sem precisar, sua culpa é maior e isso deve agravar sua pena (Marat, 1971). Esse pensamento é bem complexo, pois aborda questões de fundo da sociedade relacionadas à criminalidade. O problema da educação é bastante acentuado, no sentido de que as pessoas bem informadas têm mais condições de discernir seus atos. A questão econômica também é tratada. Ao contrário do que podemos imaginar, Marat (1971) sustenta a aplicação de pena para os delinquentes como fator indispensável à vida social, mas propõe um equilíbrio para as diferentes pessoas e suas oportunidades.

Outro importante contestador do estado de coisas foi Pietro Verri (1728-1797). Amigo do Marquês de Beccaria, estudou um caso criminal que ocorrera em 1630, quando uma peste se propagou na cidade de Milão. Suspeitos foram torturados e confessaram ter espalhado a peste na cidade em que viviam. Verri (1992, p. 80) fez uma análise da irracionalidade da tortura e questionou o acerto da decisão, cujas únicas provas eram confissões dadas por dor e medo:

> Mas é verdade que o torturado cometeu crime? Se a verdade é sabida, é inútil torturá-lo; se a verdade é duvidosa, talvez o torturado seja inocente, e o torturado inocente, tal como o culpado, é igualmente levado a se acusar do crime. Portanto, os tormentos não constituem um meio para descobrir a verdade, e sim um meio que leva o homem a se acusar de um crime, tenha-o ou não cometido.

O raciocínio de Verri estava correto, tanto que, no que diz respeito à peste que se espalhou por Milão, a ciência posteriormente descobriu que ela era decorrente da pulga que vivia nos ratos – a famosa peste negra. Isso confirmou, portanto, a tese de que indivíduos inocentes confessaram sua culpa para se livrar da dor e do medo provenientes da tortura.

3.2 Cesare Beccaria

Qual é, para você, o livro mais importante da área de direito? Provavelmente, a obra *Dos delitos e das penas*, em virtude do que ela representou para a história da humanidade em termos de inovação de ideias e de contestação dos métodos cruéis adotados no sistema penal até o século XVIII. Influenciado pelos pensadores iluministas, Cesare Bonesana (1738-1794), sob o pseudônimo de Marquês de Beccaria, delineou nessa obra – obrigatória para os estudiosos do direito – os princípios iluministas adaptados para o sistema penal.

Verdadeiro gênio humanista, das ciências penais e da filosofia, Beccaria preconizou a abolição da tortura para investigar e punir, demonstrando se tratar de um meio ineficiente e cruel para apurar a verdade ou como forma de sanção. Sustentava também a necessidade de codificação das leis penais, de clareza da lei e de acessibilidade ao seu teor, além de penas mais racionais e um direito que se concentrasse mais na eficácia de seus mandamentos do que na gravidade da pena.

Adepto da **teoria utilitária da pena**, para ele, mais valia a certeza da punição do que a gravidade da pena. De acordo com o autor, o "rigor do suplício não é o que previne os delitos com maior segurança, porém a certeza da punição" (Beccaria, 2000, p. 64). Assim, a lei aplicada efetivamente terá maior valor do que uma pena mais severa que não tenha aplicação efetiva na sociedade.

Podemos afirmar que Beccaria estabeleceu as **bases do princípio da legalidade** e foi o precursor da chamada *escola clássica do direito*. Compromissado com a ideia do contrato social de Rousseau, afirmou que "apenas as leis podem indicar as penas de cada delito e que o direito de estabelecer leis penais não pode ser senão da pessoa do legislador, que representa toda a sociedade ligada por um contrato social"* (Beccaria, 2000, p. 20).

3.2.1 Teorema de Beccaria

Beccaria tornou elementar o **princípio da reserva legal**, tendo em vista os ideais iluministas e, por que não dizer, da Escola Exegética francesa. Esta preconizava a obediência idólatra ao texto legal, principalmente em virtude da prepotência e da arbitrariedade com que os juízes daquele tempo julgavam, predominando nas sentenças, quase sempre, a vontade ditadora do homem julgador em detrimento da realidade social, da justiça e da lei.

Em face desse estado de coisas, a aplicação literal do texto legal representou uma evolução de concepção notável. No entanto, Beccaria foi além: estabeleceu princípios hermenêuticos (de interpretação da lei) e da própria instituição do direito penal voltados à valorização do homem em sua integridade física e moral. Transcreveu, ao final de *Dos delitos e das penas*, o seguinte teorema conclusivo: "para não ser um ato de violência contra o cidadão, a pena deve ser, de modo essencial, pública, pronta, necessária, a menor das penas aplicáveis nas circunstâncias referidas, proporcionada ao delito e determinada

---

* Veja também Bacila (2015b, p. 117).

pela lei" (Beccaria, 2000, p. 97). Embora esse teorema tenha sido enunciado há mais de 200 anos, percebemos que conserva uma atualidade impressionante. Com efeito, o valor da obra de Beccaria foi reconhecido por pensadores do porte de Diderot, Rousseau, Hume e D'Alembert.

Apesar de extremamente revolucionárias, parece-nos que algumas de suas ideias foram elaboradas com certa discrição (utilizando figuras de linguagem), com o propósito de evitar reações violentas contra sua pessoa. O próprio Beccaria (2000, p. 4) deixa clara sua relativa prudência na arte de escrever ao enviar uma correspondência para Morellet* em maio de 1776, na qual afirma: "pretendi defender a humanidade sem me tornar mártir".

Nessa época, já tinha sido publicada a quinta edição de *Dos delitos e das penas* e sua versão traduzida para o francês já havia esgotado. Beccaria tinha apenas 27 anos de idade. É claro que tamanha genialidade e competência visionária fizeram surgir inúmeras críticas estúpidas, principalmente por parte de indivíduos nocivos à sociedade, por nada produzirem e somente alcançarem uma réstia de publicidade por meio do ataque pérfido e soez contra os verdadeiros construtores de uma civilização humana e tecnicamente superior.

Somente para exemplificar o quão invejável era a obra de Beccaria, atente para o fato de que o "agressor" citado escreveu um "opúsculo" com o dobro de páginas de *Dos delitos e das penas*, somente para lhe reprovar completamente, classificando Beccaria, entre outras coisas, como "fanático, impostor, escritor falso e perigoso, satírico desenfreado, sedutor do público, destila o fel mais acre, reúne contradições odiosas,

---

* André Morellet foi um importante filósofo iluminista do século XVIII.

traços pérfidos e escondidos da dissimulação, obscuro por perversidade" (Beccaria, 2000, p. 4), apresentando a obra mencionada como "horrível, virulenta e de uma licenciosidade deletéria, infame, ímpia", com "blasfêmias impudentes, insolentes ironias, anedotas indecentes, sutilezas perigosas, pilhérias escandalosas, calúnias grosseiras" (Beccaria, 2000, p. 4).

Não foi sem precaução que Beccaria (2000, p. 8-10) inseriu, no prefácio de sua obra, observações como a que indicamos a seguir:

> *Se alguém desejar honrar-me criticando o meu livro, procure antes apreender bem a finalidade a que me propus. [...]*
>
> *[...]*
>
> *[...] em vez de me apontar como ímpio ou subversivo, contentem-se em demonstrar quão mau lógico sou, ou ignorante em matéria política; não temam a cada proposição em que faço a defesa dos interesses da humanidade; constatem a inutilidade de minhas máximas e os perigos que minha opinião pode ocasionar; façam com que eu veja as vantagens das lições recebidas.*

O sábio desafio "façam com que eu veja as vantagens das lições recebidas" é complementado, mais adiante, pela afirmação de que "os tiranos não leem" (Beccaria, 2000, p. 28). O quanto seria útil que os "tiranetes" procurassem ler o objeto criticado (e também adotar o hábito da leitura de maneira geral) para "apreender" o real sentido de muitos ensaios. Contudo, como afirma Beccaria, os tiranos não leem.

Beccaria é, sem dúvida, um estímulo para o estudo crítico e autêntico do direito, porém com humildade e sem os preconceitos que sempre subestimaram a inteligência e o saber verdadeiros, fazendo com que, tempos depois, os "falsos cientistas" fossem completamente esquecidos ou, se lembrados, considerados cidadãos arrogantes e portadores de verdades superadas. Por todas as inovações e contribuições no estudo da sociedade e do crime, Beccaria também pode ser considerado um dos fundadores da criminologia.

3.3 Escola clássica

Sob a influência do Iluminismo e de princípios como legalidade, igualdade de todos perante a lei e livre-arbítrio, o pensamento penal – que, posteriormente, foi denominado de *escola clássica* – teve como precursor Beccaria e como principal nome o professor Francesco Carrara (1805-1888).

Não havia, na época, um grupo de pensadores criminalistas que se reunia para resumir os princípios de determinada corrente; na maioria das vezes, essas teorias eram compostas por escritores livres que divergiam em muitos temas. Ainda assim, havia certa coerência de ideias. Sob o influxo de Kant e Hegel, acentuou-se a ideia de **livre-arbítrio**, isto é, de que é possível escolher entre praticar o delito ou não. Sendo o indivíduo livre para optar, por uma questão **moral** (Kant) ou de **lógica pura** (Hegel), a pena adquiriu um sentido primordial de retribuição. Preconizou-se, dessa maneira, a ideia de que todos são iguais perante a lei; portanto, sob a lógica geral e abstrata do princípio da legalidade, a sociedade estaria apta a um tratamento neutro e dirigido ao combate daqueles que se desviassem das leis fundamentadas no contrato social.

> **Importante!**
>
> A escola clássica consolidou as conquistas iluministas contra a tirania sem freios do soberano, a crueldade das investigações inquisitórias, a primazia da nobreza sobre os outros administrados, a incerteza das decisões judiciais, entre outros.

Para Carrara, o crime é um ente jurídico, devendo apresentar um aspecto **objetivo ou material** e outro **subjetivo ou mental** (Bacila, 2011). Nessa perspectiva, o princípio da culpabilidade, que preconiza um mínimo de responsabilidade subjetiva (dolo ou culpa) diante da possibilidade de sanção criminal, é fortalecido (Bacila, 2011).

> **Preste atenção!**
>
> O nível das leis criadas atualmente em nosso país, dada sua confusão e a falta de planejamento, leva-nos a crer que elas estão abaixo dos postulados de clareza, publicidade, codificação, proporcionalidade e efetividade que Beccaria propôs em sua obra-prima (Bacila, 2011).

Como crítica fundamental à escola clássica, podemos apontar que a lei continuou a não ser igual para todos. O próprio Beccaria (2000, p. 16-17) parece ter admitido a insuficiência do Iluminismo na seguinte passagem:

> *Contudo, se as luzes de nosso século já conseguiram alguns resultados, ainda estão muito distantes de ter dissipado todos os preconceitos que alimentávamos. [...] Contudo, os dolorosos gemidos do fraco, que é sacrificado à ignorância cruel e aos ricos covardes; os tormentos*

> *terríveis que a barbárie inflige em crimes não provados, ou em delitos quiméricos; a aparência repugnante dos xadrezes e das masmorras, cujo horror é ainda aumentado pelo suplício mais insuportável para os desgraçados, que é a incerteza; tantos métodos odiosos, difundidos por toda parte, teriam por força despertar a atenção dos filósofos, essa espécie de magistrados que orientam as opiniões humanas.*

Com efeito, as discrepâncias de privilégios continuaram para os que estavam mais bem situados no meio social, em detrimento de pessoas menos favorecidas economicamente ou marcadas por outros estigmas*. Na obra *Criminologia e estigmas: um estudo sobre os preconceitos*, comentamos alguns dos problemas da escola clássica:

> *Esqueceram-se os clássicos de que a resposta ao crime não levaria em conta a injustiça social vigente. Desde os tempos mais primitivos, os nobres e depois os burgueses praticam crimes contra o patrimônio, contra os costumes, contra a liberdade individual e contra a vida, mas são geralmente poupados das maiores punições. Por outro lado, as pessoas pobres que efetuaram as mesmas condutas recebem uma resposta penal violenta e desigual.* (Bacila, 2015b, p. 150-151)

Se considerarmos o direito penal da Idade Média, a escola clássica representou um avanço, porém ficou ainda muito distante de resolver os principais problemas do combate ao crime, como a influência dos estigmas. Afinal, embora a escola clássica fosse extremamente rígida com as populações mais marginalizadas, era branda com as classes sociais mais abastadas.

---

* Para saber mais sobre esse tema, leia Bacila (2015b).

Para equilibrar tais princípios, surgiram novas tendências, como a **neoclássica**, que propôs algumas compensações que permitiram melhorar o entendimento das desigualdades sociais. Essa corrente continuou a responsabilizar os indivíduos sem considerar questões como a pobreza, mas passou a se restringir aos adultos, visto que observou certas incapacidades em crianças e pessoas com enfermidades mentais na prática de crimes. Ela também passou a medir as penas conforme a necessidade detalhada de cada condenado e a considerar a importância de um ambiente favorável ao sentenciado para que ele melhorasse seu comportamento com o cumprimento da pena (Taylor; Walton; Young, 1973).

Entre as novas correntes, podemos apontar também o **tecnicismo jurídico**, fundado por Arturo Rocco (1876-1942). Trata-se de uma das mais importantes evoluções da escola clássica, com algumas nuances diferentes, a exemplo da aceitação da periculosidade, da medida de segurança e a visão do criminoso como influenciado pela sociedade (Bruno, 2005, p. 75). Esses últimos temas, que foram desenvolvidos pela escola positiva e serão apresentados a seguir, demonstram o caráter eclético do tecnicismo jurídico. Esses temas, que serão abordados adiante, demonstram o caráter eclético do tecnicismo jurídico.

Esse foi um passo importante para melhorar as condições do sistema penal como um todo, mas não foi suficiente para resolver o complexo problema criminal. Aliás, cabe aqui perguntar: Existe um sistema penal que seja completo? A resposta parece ser negativa. A questão criminal não pode ser resolvida com um simples *sim* ou *não* ou com um *certo* ou *errado*. Deveria prevalecer o bom senso sobre esse tema, procurando-se diferenciar os crimes graves dos menos ofensivos. Nesse aspecto, o pensamento neoclássico permitiu uma evolução ao sistema penal. O problema é que, independentemente do pensamento que se tinha na época, o perfil do criminoso era sempre o do outro, do estigmatizado.

A seguir, analisaremos o pensamento da escola positiva, que aumentou ainda mais a distância entre a criminalidade suposta e a real, criando um criminoso estereotipado e ampliando os estigmas já existentes no sistema penal.

3.4 Escola positiva: criminologia etiológica individual

Ao falarmos do modelo etiológico ou paradigma etiológico, temos de considerar os fatores internos e externos da pessoa que a levam a delinquir. Segundo o paradigma etiológico, são exemplos de motivadores para o delito os hormônios (testosterona) e traumas físicos (fome) ou psíquicos (confusão mental). Se nos restringirmos a fatores como esses, relacionados exclusivamente à pessoa e às suas interferências orgânicas e emocionais, físicas e psíquicas, estaremos tratando de criminologia etiológica individual. Esta ganhou impulso com o médico e jurista italiano Cesare Lombroso (1835-1909), por meio de sua obra *O homem delinquente*.

Lombroso (2001) desenvolveu suas ideias sobre o **crime** e o **criminoso** especialmente com base em autópsias de cadáveres de criminosos, mediante os quais estudou detalhes de anatomia (ossos, cabelos, pele, estatura etc.). Embasado nessas pesquisas, passou a sustentar que havia semelhanças físicas entre os criminosos estudados, como orelha em forma de abano, cabelo tipo carapinha, face ovalar, pele escura e olhar vítreo. Entretanto, ao lermos referida obra, verificamos que essas "características" eram um conjunto tão caótico de sinais que podiam estar presentes em diversos sujeitos, tenham eles praticado crimes ou não.

Ao falar sobre os homicidas, por exemplo, Lombroso (2001, p. 248) afirma o seguinte: "têm cabelos crespos, são deformados no crânio, têm possantes maxilares, zigomas enormes e frequentes tatuagens; são cobertos de cicatrizes na cabeça e no tronco" e "a saliência dos dentes caninos como um sinal de ameaça". Raffaele Garofalo (1851-1934), outro importante integrante da escola positiva, corrobora essa teoria ao afirmar que "os assassinos diferem muito mais dos indivíduos normais do seu país do que estes diferem da população de um país etnograficamente diverso" (Garofalo, 1997, p. 51).

Curiosidade

Garofalo foi o primeiro teórico a empregar, em sua obra, a expressão *criminologia*, que acabou denominando a área em questão.

Contradizendo as afirmações de Lombroso e Garofalo, os assassinos em série (ou *serial killers*) mais conhecidos em todo o mundo não apresentam as características mencionadas. Justamente por isso, deixaram de ser responsabilizados já nos primeiros homicídios, visto que não eram percebidos como potenciais suspeitos a serem investigados.

Na obra *Criminologia e estigmas*, realizamos um estudo aprofundado sobre essa categoria de criminosos, observando, entre outras coisas, que é enorme o número de assassinos "que não foram descobertos mais cedo porque eram pessoas consideradas normais, isto é, pessoas que para nós não tinham estigmas e, por isso, não eram associados a investigações evidentes que os levavam à autoria dos delitos graves que praticaram" (Bacila, 2015b, p. 279).

Aliás, o erro científico de Lombroso ficou constatado em experiência efetuada com estudantes que apresentavam as características descritas por ele, mas não eram considerados criminosos. Ao mesclar muitas características e mudá-las constantemente, o autor evidenciou em seu estudo contradições e falta de critério científico, como pode ser observado na seguinte passagem:

> *Um estudo minucioso feito em um estabelecimento privado de jovens ricos – Colégio Internacional de Turim – deu-nos, em 100 indivíduos, 53 absolutamente normais no físico e no moral, e em 44 algum dos caracteres da degenerescência. Dentre estes 44, somente 6 tinham algumas tendências imorais, violência, amor às querelas, negligência pelo estudo, mentira. Todavia 2, malgrado tais caracteres, eram de um natural excelente, e 5 (entre estes 1 plagiocéfalo) eram dotados, além do mais, de uma inteligência marcante. Isso mostra que uma anomalia física não implica, sempre, necessariamente, uma psíquica.* (Lombroso, 2001, p. 152)

Podemos citar ainda outro erro metodológico desse autor: partir de amostras que supunham a presença da criminalidade, embora esta não se verificasse entre os condenados criminosos não estigmatizados, pois eles usualmente esquivavam-se da prisão, quer por não serem perseguidos pelas instituições, quer por contarem com melhor poder econômico (respaldo de bons advogados, corrupção, influência política etc.). Além disso, eventuais problemas corporais encontrados em criminosos detidos podiam ser explicados pela massa carcerária pobre, que sofria de desnutrição crônica, o que evidentemente acarretou problemas orgânicos (Taylor; Walton; Young, 1973).

Apesar do disparate que caracterizou a obra de Lombroso, na época, suas ideias foram amplamente aceitas; suas deduções, como a de que o criminoso é uma subespécie humana e já nasce criminoso, com mente e corpo de criminoso, foram ganhando credibilidade ao ponto de, até hoje, ainda se procurar na pessoa que praticou delito um sinal do paradigma etiológico individual.

Enrico Ferri (1856-1929), discípulo de Lombroso, denominou *criminoso nato* o modelo determinista de Lombroso. Ferri (2002) também tratou da influência do meio na prática do crime. Dessa forma, acrescentou o componente da **etiologia social**, isto é, a causalidade do crime provocada pelo meio.

Acontece que a influência do meio, para Ferri (2002), passava pelo determinismo não verificável dos estereótipos lombrosianos, aos quais rendia total devoção. Dessa maneira, se para Lombroso os estigmas eram ligados à prática do crime, então todos aqueles que viviam rotineiramente discriminados pela sociedade – como pessoas pobres ou provenientes de regiões africanas, asiáticas ou indígenas – eram influenciadores para a criminalidade do meio. Seria uma espécie de potencialização ou abstração dos estigmas.

A prevenção do delito era a prioridade da escola positiva: bastaria verificar se a pessoa apresentava aquele conjunto de características e, em caso positivo, amputar-lhe a liberdade ou a vida. Observe a seguinte passagem de Ferri (2002, p. 445):

> *Naturalmente os positivistas não tiveram dificuldade em demonstrar como, mesmo admitindo-se as tendências congênitas ao delito, mesmo negada a teoria clássica da chamada responsabilidade moral, e outras coisas semelhantes, nem por isso deixava a sociedade civil de ter a necessidade e o direito de se defender, preventiva e repressivamente, contra os ataques antissociais dos delinquentes.*

Garofalo (1997), por sua vez, tentou formular um conceito de crime com base nas ideias de **piedade** (não inflição de sofrimento aos outros) e **probidade** (respeito ao direito dos outros), conforme destacam Taylor, Walton e Young (1973). Para o autor, o fato de o criminoso não ter os sentimentos de piedade e probidade indicaria nele uma patologia.

> *Importante!*
>
> Antes mesmo de Lombroso formular suas hipóteses, Franz Joseph Gall, em 1800, já acreditava ser possível detectar o potencial criminoso de uma pessoa por meio da análise do formato e das protuberâncias de sua cabeça. Esses estudos levaram o nome de *frenologia*.

As influências da escola positiva foram acentuadas e, consequentemente, refletiram no mundo contemporâneo. A psicanálise, por exemplo, pode estar, de certa maneira, relacionada a esse vertente, visto que utiliza a medicina para explicar a prática de crimes (Taylor; Walton; Young, 1973).

3.5 Crítica das escolas clássica e positiva

Ambas as escolas, clássica e positiva, deram os primeiros passos na tentativa de explicar o crime ou a maneira de lidar com ele. A primeira entendia que o crime era de livre escolha do indivíduo e, consequentemente, o sujeito era passível de uma resposta legal, com base nos padrões de proporcionalidade de uma lei que supostamente atingiria a todos. Por outro lado, a segunda acreditava ter descoberto uma espécie diferente de pessoas, com características físicas e mentais que a diferenciavam dos outros seres humanos. Já sabemos que ambas as escolas cometeram graves erros. A clássica deixou de explicitar as influências políticas e econômicas e os estigmas que atingiam a sociedade, fazendo com que a lei não fosse igual para todos, e a positiva tentou traçar um perfil de criminoso com base nos estigmas que atingem a sociedade, sejam estéticos ou de aparência, sejam raciais, sociais, de gênero etc.

A escola positiva foi tão ambiciosa quanto equivocada, afinal, os estigmas são enganos históricos da sociedade, conforme verificaremos adiante. Se fossem implantadas as ideias de Lombroso e seus discípulos, a Justiça como a conhecemos seria extinta, isto é, bastaria que juízes, promotores, advogados e policiais fossem substituídos por médicos sociais, que detectariam possíveis criminosos por meio da análise de suas características e os encaminhariam para "tratamento" antes mesmo de praticarem delitos.

Essa é a ideia de Dorado Montero (1973), um dos discípulos de Lombroso que, no século XX, afirmava que deveriam existir médicos sociais para realizar esse tipo de diagnóstico. De acordo com o autor, as leis seriam obstáculos à realização desse procedimento e, portanto, deveriam ser revogadas; em outras palavras, o direito seria substituído pelos médicos sociais (Montero, 1973)*. Esse tipo de concepção ilustra bem a insegurança e a arbitrariedade desse tipo de sistema, inaceitável em um mundo livre e democrático.

Com efeito, podemos notar, em ambas as escolas, uma tentativa de "explicar" a prática do delito. A clássica justificava a pena, ao passo que a positiva preconizava o tratamento. Ambas se equivocaram em seus pressupostos. A primeira porque, conforme constatamos, não é possível saber se as pessoas realmente têm livre-arbítrio para decidir entre a prática do delito ou não, além de a pena não ser aplicada igualmente para todos (problemas insolúveis até os dias de hoje). A segunda cometeu o grave erro de tentar explicar toda a natureza do delito pelo argumento falho das características anatômicas e físicas, que tornariam a prática do crime intrínseca a alguns seres humanos.

Esse é o **dilema da criminologia** até hoje: sentar e ficar especulando qual é a "causa" do delito. Ora, se conseguíssemos explicar a causalidade dos delitos com todos os detalhes, provavelmente teríamos atingido o conhecimento absoluto e saberíamos também de onde viemos, quem somos e para onde vamos.

Quando descobrirmos a relação causal para tudo, o segredo do Universo estará desvendado, saberemos sobre o tudo e sobre o nada. Tudo estará resolvido. Mas isso ainda está

---

* A biografia de Dorado Montero, exposta no prólogo da obra *Bases para un nuevo derecho penal*, comprovam que esse autor era seguidor de Lombroso e de Ferri. Observe também a seguinte passagem: "Os médicos sociais poderiam ter o tempo que quisessem para fazer um diagnóstico, como o fazem os médicos do corpo individual, e como estes também poderão retificar-se. Para fazê-lo, no entanto, há o impedimento das leis de processo penal, com seus termos fixos, citações, translados de autos, vistas, etc. [...] O novo sistema não terá códigos penais, tampouco terá leis de processo penal, ao menos de caráter obrigatório" (Montero, 1973, p. 104, tradução nossa).

longe de ocorrer – se é que acontecerá algum dia. Enquanto não atingirmos tal sabedoria, ignorada pelas ciências mais precisas, como a física e a matemática, precisamos apontar soluções plausíveis e racionais para a sociedade. Temos de determinar, inclusive na criminologia, aquilo que é aceitável até o momento. Não estamos falando aqui de um simples furto de caneta, mas de delitos graves, que realmente afetam a vida social, como homicídios, latrocínios, extorsões mediante sequestro, estupros, cárceres privados, torturas e crimes contra a Administração Pública.

E o que a criminologia sugere com relação a esses crimes? Ao passo que o direito penal debate exaustivamente a melhor solução para casos concretos, a criminologia deve apresentar respostas ligadas ao auxílio direto de problemas reais que afligem a comunidade. Tanto a escola clássica quanto a positiva falharam no alcance e nas consequências de suas ideias, mas as discussões atuais também enfrentam dificuldades quanto aos efeitos práticos das teorias da criminologia.

A sociedade sofre e pede ajuda para casos do cotidiano; em contrapartida, especulações sem utilidade se multiplicam na criminologia. Esse dilema não precisa continuar assim. Nos próximos capítulos, demonstraremos como as ideias da área continuaram a se desenvolver em um nível abstrato impressionante, embora com auxílio bastante modesto da política criminal e das instituições como um todo.

> **Para saber mais**
>
> Os livros indicados a seguir trazem debates sobre os temas apresentados neste capítulo, aprofundando as críticas das escolas clássica e positiva, bem como discorrendo sobre o sistema penal diante de tais proposições científicas.
> BACILA, C. R. **Criminologia e estigmas**: um estudo sobre os preconceitos. 4. ed. São Paulo: Gen-Atlas, 2015.
> BRUNO, A. **Direito penal**. 5. ed. Rio de Janeiro: Forense, 2005. Tomo I: Parte Geral.

Síntese

Neste capítulo, apresentamos o contexto histórico que deu origem aos estudos de criminologia. Beccaria preconizou um tratamento mais humano e justo no direito penal, bem como estabeleceu as bases da escola clássica e fundamentou a origem da criminologia. Por outro lado, Marat apresentou críticas à lógica das leis (tão valiosas para a escola clássica), demonstrando que a aplicação da lei penal era injusta porque as pessoas eram diferentes e tinham motivações distintas, o que demandava um sopesamento do direito.

Ao analisarmos as escolas penais, ressaltamos que a escola clássica adota o método dedutivo, que defende o fundamento da punição ou da responsabilidade penal com base no livre-arbítrio (todos têm plena liberdade de opção). Em outras palavras, de acordo com essa vertente, a finalidade da pena é a retribuição pela escolha por cometer o crime. O nome de maior destaque dessa corrente foi Francesco Carrara. Como crítica a essa corrente, salientamos que a sociedade é injusta em muitos aspectos e que as pessoas não têm igualdade de condições; logo, a pena deveria levar em consideração o que motiva o crime – por exemplo, furtar por fome é diferente de furtar por ganância.

Também apresentamos a escola positiva, que adota o método indutivo e sustenta que todos os criminosos têm as mesmas características. Essa corrente tem como fundamentos a punição ou responsabilidade penal e a defesa da sociedade com relação ao criminoso, com base na ideia de que este nasce com características físicas e psíquicas específicas (Lombroso) e ainda é influenciado pelo meio social (determinismo). Nessa perspectiva, a função da pena é prevenir novos delitos. Por meio dela, retira-se o criminoso do convívio social para reeducá-lo, se possível.

Conforme demonstramos, muitas críticas são feitas à escola positiva, principalmente porque ela apresenta ideias racistas e estigmatizadoras, as quais foram contestadas pelas ciências biológicas e pelos criminólogos. Além disso, ela partiu de estudos que tinham como base o criminoso preso – na época, o indivíduo pobre –, que não representava a criminalidade real, praticada por todas as classes sociais.

Questões para revisão

1) De acordo com a escola clássica:
   a. o crime é considerado realidade social.
   b. *responsabilidade penal* significa "periculosidade".
   c. a sanção penal visa recuperar o criminoso.
   d. pena é retribuição.

2) Leia o trecho a seguir.

> Como evento que é, a violação do direito como tal constitui, sem dúvida, uma existência positiva exterior, que contém em si uma negação. A manifestação desta negatividade é a negação dessa violação que, por sua vez, entra na existência real; a realidade do direito reside na sua necessidade ao reconciliar-se ela consigo mesma mediante a supressão da violação do direito.

Fonte: Hegel, 1977, p. 103.

Essa ideia de Hegel é compatível com a seguinte corrente jurídica:
   a. Escola positiva.
   b. Neoclassisismo.
   c. Tecnicismo jurídico.
   d. Escola clássica.

3) Dizer, por exemplo, que o "orelhudo" tem tendência para o crime é algo compatível com as ideias do seguinte pensador:
   a. Pietro Verri.
   b. Francesco Carrara.
   c. Cesare Lombroso.
   d. Cesare Beccaria.

4) Discorra sobre algumas contribuições do filósofo iluminista Pietro Verri.

5) Por que o Iluminismo foi fundamental para o estabelecimento das bases da escola clássica?

Questões para reflexão

1) Leia o texto a seguir.

> De acordo com Bruno (1978, p. 190), "o tecnicismo jurídico tornou-se a doutrina dominante, aqui como em outros países, influência talvez do Código da Itália, que foi a expressão legislativa dessa corrente, embora infiltrado de ideias de outro setor, e do seu reflexo sobre projetos e Códigos modernos, como o nosso".
>
> O tecnicismo jurídico adota basicamente as ideias da escola clássica, mas afasta a investigação filosófica. Contudo, como uma corrente eclética, incorpora algumas ideias da escola positiva, como é o caso da medida de segurança. Essas influências das escolas clássica e positiva perduram até hoje em outras correntes, a exemplo do tecnicismo jurídico, e também no dia a dia das pessoas. Se, por um lado, as penas proporcionais à gravidade do delito previstas em nosso Código Penal e na legislação especial são compatíveis com a escola clássica, por outro os preconceitos relativos ao aspecto físico e sua relação com o crime estão fundamentados na escola positiva.

Com base no texto, aponte os princípios das escolas positiva e clássica que estão relacionados à proporcionalidade da pena (escola clássica) e à aparência do suposto criminoso (escola positiva).

Para fazer essa análise, sugerimos que você leia as características de cada escola.

2) Immanuel Kant, Pietro Verri e Jean-Paul Marat aderiram às ideias da escola clássica, cada um à sua maneira. De acordo com Kant, a pena como retribuição a um mal praticado é uma questão moral. Pietro Verri, por sua vez, ao estudar um caso de processo penal ocorrido em Milão em 1630, criticou a obtenção de provas mediante tortura. Já Marat, um dos precursores da criminologia, escreveu o revolucionário *Projeto de legislação criminal*, que critica as "maravilhas iluministas" sob o aspecto das diferenças. Com base nas ideias desses três pensadores, disserte sobre o ambiente do Iluminismo que favoreceu o surgimento da escola clássica.

Para responder essa questão, sugerimos a leitura de Bacila (2015b) e de Bruno (2005).

IV

Conteúdos do capítulo:

- » Perspectiva sociológica na criminologia.
- » Émile Durkheim e a classificação com base em fatores individuais e sociais.
- » Concepção de *anomia*.
- » Críticas à anomia.
- » A concepção de *anomia* de Merton.
- » Problema do critério das metas.
- » Amostra de criminalidade de Merton.
- » Escola de Chicago.
- » Teoria ecológica.
- » Teorias do conflito.

Após o estudo deste capítulo, você será capaz de:

1. contextualizar o surgimento da sociologia do crime;
2. entender as proposições de Durkheim voltadas à explicação da criminalidade;
3. compreender as ideias de Merton;
4. identificar as ideias da escola de Chicago e a teoria ecológica;
5. distinguir as teorias do conflito das teorias do consenso.

Criminologia sociológica

No capítulo anterior, ressaltamos que a criminologia tradicional procurava encontrar causas naturais, inerentes ao indivíduo, que pudessem explicar a motivação que leva à pratica de um delito. Neste capítulo, por sua vez, apresentaremos a criminologia sociológica, a qual considera que as motivações para o crime não são intrínsecas, visto que são as raízes sociais que explicam o delito. Considera-se, dessa forma, que a natureza das pessoas é a mesma*.

4.1 Criminologia do fato social

As escolas clássica e positiva, cada uma a seu modo, tentaram definir a relação do indivíduo com o crime e o Estado. A escola clássica ocupou-se de examinar como o indivíduo deveria responder pela prática do crime, ao passo que a escola positiva deteve-se na predisposição do sujeito a praticar o delito (causas internas), de modo a descobrir se este deveria ser contido. O rompimento desse modelo individual surgiu com a ponderação de que a sociedade como um todo tem poder o bastante para provocar condutas que poderão levar um sujeito à prática do crime.

Émile Durkheim (1858-1917) foi o grande precursor da sociologia aplicada ao estudo do crime. Em um escrito publicado em 1914, o teórico francês manifestou o seguinte:

> *Os instintos dos homens são dados organicamente; e o controle e limitação dos homens é tarefa do sentimento social atuando por meio da "alma". "É evidente que as paixões e as tendências egoísticas derivam de nossas*

---

* Sobre esse tema, veja também Taylor, Walton e Young (1973, p. 22).

constituições individuais, ao passo que nossa atividade racional – teórica ou prática – é dependente de causas sociais". (Durkheim, 1914, citado por Taylor; Walton; Young, 1973, p. 73, tradução nossa)*

Durkheim também entende que os interesses individuais não são necessariamente os mesmos da sociedade. Isso requer sacrifícios dos indivíduos, concessões que se sobrepõem ao interesse individual. Tais limitações constituem a "consciência coletiva". Haverá um dia em que essa tensão diminuirá, mas até lá esse seria o preço da civilidade.

Para Durkheim, a falha na repressão dos instintos individuais levaria à **anomia**, isto é, à ausência de normas, uma associabilidade que coloca o homem em uma fase de desacordo com o estágio social (Taylor; Walton; Young, 1973).

Se, para Augusto Comte (1798-1857), a natureza das pessoas é boa, necessitando apenas de uma autoridade moral que a conduza (Taylor; Walton; Young, 1973), por outro lado, para Durkheim as pessoas vivem em um ambiente cujas faculdades naturais não estão sendo utilizadas em decorrência de uma divisão de trabalho "forçada" (Taylor; Walton; Young, 1973). Dessa maneira, podemos perceber que, para Durkheim, a anomia está ligada à impropriedade para a boa utilização das faculdades naturais; portanto, a causa do crime teria uma motivação social. Temos aí uma causa determinante para o crime, não mais oriunda de problemas biológicos (escola positiva) ou de causas de livre deliberação (escola clássica).

---

* No original: "The instincts of men are organically given; and the control and constraint of men is the task of social sentiment acting through the 'soul'. 'It is evident that passions and egoistic tendencies derive from our individual constitutions, while our rational activity – whether theoretical or practical – is dependent on social causes'".

Esse determinismo sociológico reafirma o paradigma etiológico como responsável pelo delito (Taylor; Walton; Young, 1973). De acordo com Taylor, Walton e Young (1973, p. 75, tradução nossa): "Em uma situação em que homens não estão realizando tarefas ocupacionais e sociais concomitantes com seus talentos naturais, a autoridade moral não teria qualquer poder – a menos que isso tivesse relevância para a tarefa de reforma social"*. Durkheim afirma que a **autoridade social**, ou **consciência coletiva**, impõe o cumprimento da lei pela punição, criando, assim, uma atuação mecânica mediante a privação da liberdade e a inflição de dor. Nessa perspectiva, há o conflito entre o interesse individual e a consciência coletiva imposta, que gera a anomia.

A divisão e especialização do trabalho era encarada como um erro por Durkheim. A solução seria a abolição da divisão forçada do trabalho pela **atividade espontânea** (Taylor; Walton; Young, 1973). Essa atividade não consistiria em anarquia, mas na sutil organização de cada valor social como um ponto a ser estimulado (Taylor; Walton; Young, 1973). Para o autor, a evolução social consistiria em mudanças que passassem pelas relações ocupacionais, pelo avanço na divisão do trabalho e pela criação de novas especializações ocupacionais. Até então, o crime era visto como um fato social normal, mas o aumento da taxa de criminalidade poderia levar a crer que as ideias de controle social seriam anacrônicas (Taylor; Walton; Young, 1973). No final, tudo está ligado às funções exercidas por cada um, que, diante de uma divisão forçada do trabalho, é levado à anomia e ao desvio (Taylor; Walton; Young, 1973).

---

* No original: "In a situation where men were not performing occupational and social tasks concomitant with their natural talents, moral authority would have no power at all – unless it had relevance to the task of social reform".

As preferências e as aptidões de cada um não seriam predestinadas, mas limitariam as escolhas. Se nos ocupamos com atividades diárias que nada têm a ver conosco, procuraremos desesperadamente encontrar nossas preferências. Nas palavras de Durkheim (citado por Taylor; Walton; Young, 1973, p. 83, tradução nossa), "Para a divisão do trabalho produzir solidariedade, não é suficiente, então, que cada um tenha a sua tarefa; é ainda necessário que essa tarefa esteja adequada a cada um"*.

> Preste atenção!
>
> Durkheim (citado por Taylor; Walton; Young, 1973) classificou os desviantes em três grupos:
> 1. **Biológico ou por herança genética**: engloba até mesmo aqueles que vivem em uma sociedade com boa distribuição do trabalho.
> 2. **Rebelde funcional**: reage à divisão do trabalho forçada.
> 3. **Desviante oblíquo**: reage em decorrência de anomia ou egoísmo.

De acordo com Durkheim, a anomia ocorre em razão da falta de regulamentação social adequada das habilidades. O egoísmo, por sua vez, é a prevalência do individual irrestrito. Já o individualismo seria saudável porque consistiria na procura do papel diferenciado na divisão do trabalho (Taylor; Walton; Young, 1973).

---

* No original: "For the division of labour to produce solidarity, it is not sufficient, then, that each have his task; it is still necessary that this task be fitting to him".

De acordo com Durkheim, as pessoas deveriam nascer com igualdade de condições. Por isso, o autor criticava o fato de uns nascerem ricos e outros pobres, pois acreditava que isso acarretava grande desigualdade social e injustiça. Da mesma forma, ele defendia que o contrato social era injusto e que, por isso mesmo, a aquisição de bens por herança de família deveria ser abolida (Taylor; Walton; Young, 1973).

Crítica a Durkheim

Sabemos que valores e aptidões também são transmitidos socialmente. Um grande pianista, por exemplo, pode ensinar sua filha a apreciar música. Viver em uma comunidade agrícola isolada dos grandes centros urbanos motiva no indivíduo virtudes diferentes em relação aos sujeitos envolvidos em um ambiente com bastante diversidade cultural.

O diálogo entre o indivíduo e a sociedade não está bem claro na obra de Durkheim. Seria fundamental que o autor explicitasse em que medida a vida coletiva afeta as virtudes de cada um e o quanto a potencialidade particular é somente inata. Além disso, falta, em sua doutrina, um quadro mais amplo e claro da influência social em uma realidade de sociedades divididas. O estudo das subculturas passou a ocorrer de forma sistemática somente no século XX.

Analisaremos, a seguir, o sucessor de Durkheim, Robert Merton, que também desenvolveu a ideia de anomia. Terá ele conseguido consolidar uma teoria definitiva sobre o crime?

4.2 Teoria de Robert Merton

No século XX, Robert Merton (1910-2003) também usou a ideia de *anomia* para explicar o delito, mas desconsiderou o aspecto biológico e individual ainda presente em Durkheim, dirigindo a responsabilidade a um **ambiente social problemático**.

Segundo o sociólogo estadunidense, o problema da sociedade está na estipulação de **metas sociais**, as quais contam com o dinheiro para a obtenção de bens de consumo, como veículos, roupas e casas. Para conseguir o dinheiro necessário para atingir essas metas, as pessoas precisam, muitas vezes, trabalhar em troca de um salário. No entanto, para muitos, esse meio não é suficiente para o atingimento dessas metas, o que leva à prática do delito. Portanto, o autor utiliza a ideia de *anomia* desenvolvida por Durkheim para explicar o delito de forma etiológica e determinista, indo um pouco além ao afirmar que a falta de meios proporcionada pela sociedade desorganizada leva os indivíduos a praticarem delitos para obter as almejadas metas sociais, que são promovidas pela própria sociedade.

Como é possível imaginar, essa ideia de anomia foi amplamente criticada. Em tese, se o Estado fornecesse todas as condições materiais para as pessoas atingirem seus objetivos, tudo estaria resolvido. Contudo, infelizmente as coisas não funcionam assim. Sabemos que os indivíduos têm objetivos diferentes. Muitos efetivamente querem ganhar dinheiro para obter bens e serviços, como uma boa casa ou um pacote de viagem, mas também há aqueles que querem apenas enriquecer e acumular mais riquezas ou que pretendem adquirir drogas e outras ilicitudes.

Há sérios problemas em definirmos a condição de igualdade competitiva para todos na sociedade e as metas aceitáveis de cada um. E se, após estabelecido o equilíbrio, as pessoas ainda não atingirem tais metas? Aliás, dadas as diferenças de preferências, humores e temperamentos, quem garante que essas condições evitariam, de fato, a prática de crimes?

Na prática, os delitos têm motivações diversas. Algumas pessoas efetivamente praticam crimes para atingir metas sociais, mas outras não. Aqui, voltamos à tentativa de explicar a motivação individual ou social para o crime, o que não é satisfeito pela teoria mertoniana de anomia. Como explicar delitos sexuais, homicídios sem motivo racional ou aparente e delitos contra a Administração Pública praticados, muitas vezes, por pessoas muito ricas e que, em tese, não precisariam praticá-los?

Em uma sociedade completamente justa, todo reconhecimento e alcance de metas deveria ocorrer exclusivamente pelo **mérito** (Taylor; Walton; Young, 1973). A questão é: Quem definiria o critério para o mérito e o padrão das metas? Conforme já indicamos, trata-se de uma questão que não é consensual em hipótese alguma.

Para algumas pessoas, é relevante aumentar o rendimento de sua empresa; para outras, muito melhor é investir em sua qualidade de vida, ainda que a empresa não obtenha tão bons resultados. Da mesma forma, alguns consideram importante resolver um problema com o material disponível, e outros preferem adiar a solução do problema até que o contexto e os materiais sejam ideais para isso. Alguns consideram desnecessário alimentar-se com carne animal, ao passo que outros discordam desse ponto de vista.

Com efeito, Taylor, Walton e Young (1973) apontam alguns problemas com relação ao conceito de *anomia* de Merton. Na época em que o autor escreveu, as taxas de criminalidade eram mais aparentes em extratos sociais mais pobres, mas isso pode ser explicado pela maior vulnerabilidade dessa classe social ao violar a lei, no sentido de que ela não tem as mesmas possibilidades de defesa processual das classes mais abastadas. Logo, o desvio não pode ser concluído como uma questão puramente econômica. Da mesma forma, a causa do desvio baseada na tensão social para obtenção de metas não foi comprovada. Como podemos apontar que o desvio ocorre por conta de metas sociais? E quanto à reação da sociedade ao desvio, não teria de ser levada em consideração? No que se refere aos jovens estadunidenses, por exemplo, a rejeição dos valores médios da sociedade derruba a ideia de anomia como um conceito amplo (Taylor; Walton; Young, 1973).

4.3 Teoria ecológica e a escola de Chicago

Os antecedentes sociológicos que procuram explicar a criminalidade se desenvolveram com Durkheim, Merton e outros sociólogos, como Adolphe Quételet (1796-1874), que afirmou que a criminalidade deriva da pobreza, e Gabriel Tarde (1843-1904), que defendeu a ideia de que o crime decorre da imitação e, portanto, é causado pela sociedade.

Alexandre Lacassagne (1843-1924) e Gabriel Tarde concluíram que a própria sociedade era responsável pela criminalidade, contestando a versão lombrosiana de que o crime provém de condições individuais (Conde; Hassemmer, 2008). Entretanto, conforme demonstramos anteriormente, Durkheim e Merton primavam pelo caráter teórico de suas ideias relacionadas ao crime, sem maiores investigações práticas, e os estudiosos da escola de Chicago levaram a sério a questão de investigar nas ruas uma explicação para o crime*. Integrante dessa escola e professor da Universidade de Chicago, Robert Ezra Park (1864-1944) aderiu a esse método de pesquisa: "eu estava cansado do mundo acadêmico, e eu queria voltar ao mundo das pessoas. Eu nunca desisti da ambição que eu tive ao ler *Fausto* – a ambição de conhecer a natureza humana, de conhecê-la de maneira ampla e íntima" (Park, 1964, p. VI, tradução nossa)**.

Na escola de Chicago, sob o influxo de pensadores da teoria ecológica, sustentou-se a ideia de que a criminalidade desenvolve-se em determinados ambientes urbanos, espaços definidos em decorrência da **desorganização social** (Larrauri, 1992). Com efeito, no início do século XX, muitos imigrantes que se concentravam em áreas pobres das cidades estadunidenses mais industrializadas – que apresentavam salários baixos e moradias e estruturas públicas precárias – foram objeto da teoria ecológica, a qual passou a sustentar que a criminalidade desenvolve-se justamente nesses lugares. Formulou-se, então, um mapa circular concêntrico para evidenciar que no centro da cidade, as atividades profissionais se desenvolviam, ao passo que, na periferia, viviam as camadas mais ricas. Entre esses dois círculos, do centro e da periferia, estariam os imigrantes, os pobres e os negros, os quais seriam os responsáveis pela criminalidade. Não se tratava de teoria racial, mas, segundo os ecológicos, de problema causado pela desorganização social (Conde; Hassemmer, 2008).

---

*   Sobre o tema, veja Conde e Hassemer (2008, p. 50).
** No original: "however, I was sick and tired of the academic world and I wanted to get back into the world of men. I had never given up the ambition I gained from reading Faust – the ambition to know human nature, know it widely and intimately".

Podemos apontar como aspecto positivo da teoria ecológica a preocupação em ter o ambiente urbano como foco. Isso porque se a cidade se fizer mais presente em regiões pobres, oferecendo a elas todos os recursos públicos de que sua população necessita, esta tenderá a ter melhores condições de vida e, assim, haverá diminuição da criminalidade. No entanto, é aí que está o ponto crítico dessa teoria, isto é, direcionar a criminalidade somente para um estrato social. Tivemos a oportunidade de abordar essa questão no livro *Criminologia e estigmas*, conforme indica o estudo de caso a seguir.

Estudo de caso

Numa capital brasileira alguns crimes estavam sendo praticados na avenida que a circunda, quebrando-se os vidros dos carros para arrancar bolsas e relógios dos motoristas. Então, contrariou-se todas as técnicas de prevenção e de polícia judiciária que recomendam nestes casos – respectivamente, vigiar a região para evitar novos delitos e investigar as casas que estão armazenando os objetos roubados.

Decidiu-se cercar, durante três dias, todo o bairro pobre e revistar todos os moradores que entravam e saíam de seus domicílios. Efetuou-se buscas nas casas, em todas elas, arrombando-se portas e revistando as residências com mandados itinerantes de busca, assustando-se as famílias, que ficavam humilhadas e tinham suas crianças traumatizadas. As crianças, especialmente, nunca esquecerão o choque de transtornos desta natureza. O resultado final foi a localização de duas ou três casas contendo bolsas e relógios roubados. Porém, quanto aos outros moradores, aumentou-se a estigmatização daquelas pessoas por morarem no bairro pobre, das crianças, que são ridicularizadas por seus amiguinhos, e das dezenas de pessoas que foram perturbadas desnecessariamente. Tudo isto porque não se investigou a autoria e localização dos objetos provenientes dos crimes. Preferiu-se atuar conforme [...] as metarregras/estigmas que apontam para atuar no bairro pobre.

A mensagem estigmatizadora é sempre criadora de inimigos. O estigma isola o morador da favela, desrespeitando a personalidade plena ao não perguntar para os moradores o que eles estão precisando, mas em se pretender apontar soluções mágicas, respostas que o estigmatizado não pretende receber. Ao invés de procurar integração, procura-se isolar os habitantes das favelas. Ao invés de ouvi-los, diz-se para eles o que deve ser feito.

Fonte: Bacila, 2015b, p. 287-288.

Por meio da leitura desse texto, é possível perceber que as pessoas pobres são mais acessíveis para a investigação policial. Ao compreender o crime em um contexto de disputa de espaço em uma área desorganizada, decorrente da ausência de um padrão que o evitasse, a teoria ecológica desconsiderou a possibilidade de maior visibilidade e vulnerabilidade à polícia, bem como o afunilamento causado pela superpopulação, usualmente existente nas áreas mais pobres, o que é também um fator **criminógeno**.

Ao contrário do que pensavam Shaw e McKay (citados por Sutherland, 1940), temos de entender que o fato de uma grande parcela da população viver em habitações precárias, que, muitas vezes, são limitadas por finas madeiras ou papelões, disputando espaços apertados, tende a gerar mais conflitos. Eles acabam sendo um resultado natural da falta de conforto e de acomodações que garantam a privacidade das pessoas.

Se ocorrem disputas extrajudiciais e judiciais em condomínios de luxo, imagine em regiões onde se acrescenta, a desentendimentos rotineiros, a aglomeração de pessoas.

A densidade demográfica explica, por si só, a maior quantidade de pessoas em conflito com a lei. Todavia, a crítica mais aguda que se faz à teoria ecológica não é menos importante, no sentido de que manteve o foco no estudo do crime nas populações pobres e altamente visíveis para a seleção do sistema penal. Shaw e McKay ocuparam-se das regiões onde há pobreza, desconsiderando a elevada criminalidade que se pratica em camadas ricas da população e também no âmbito da classe média (Sutherland, 1940).

Por outro lado, podemos destacar como fatores positivos da teoria ecológica o interesse pela pesquisa de campo, indissociável de uma criminologia séria e comprometida com as questões sociais, bem como a relevância da preocupação com regiões quase esquecidas pelo Poder Público e pela população de outras áreas, especialmente quando se trata de melhorias.

> **Para saber mais**
>
> Se desejar obter uma base das escolas criminológicas, da política criminal e do direito penal, recomendamos a leitura da obra a seguir.
> BACILA, C. R. **Introdução ao direito penal e à criminologia.** Curitiba: InterSaberes, 2017.

4.4 Teorias do conflito

A suposição de que existe um mínimo de coesão social quanto ao direito estabelecido, às metas e às normas sociais e de que o crime viola tais fundamentações gera um conjunto de concepções denominadas **teorias do consenso**. Podemos apontar como autores dessa linha Talcott Parsons, Durkheim, Merton, Comte etc. (Taylor; Walton; Young, 1973). As ideias até aqui estudadas com relação às escolas clássica e positiva, por exemplo, denotam a impressão de que existe uma divisão clara entre o certo e o errado; bastaria, portanto, combater a causa do crime para resolver os problemas sociais (escola positiva) ou simplesmente punir os culpados (escola clássica). Entretanto, existem as chamadas **teorias do conflito**, as quais colocam a questão do direito como uma luta pelo poder entre grupos com interesses diferentes. Uma dessas correntes é exatamente a **criminologia crítica** ou **marxista**, que sustenta a luta de classes entre capitalistas e operários, o que faria do direito um instrumento a favor do capitalismo, e não a favor de todos.

Contudo, há concepções mais recentes sobre o paradigma do conflito. Uma delas é a ideia de que existem grupos associados à luta pelo poder econômico, alguns dominantes, outros submissos ou sujeitos às leis criadas pelos grupos dominantes. Um dos conceitos de *crime* que está ligado a essa nova linha foi desenvolvido por Richard Quinney (1934-), no sentido de que o "crime começa na mente e é a definição da conduta humana que se torna parte do mundo social" (Quinney, citado por Taylor; Walton; Young, 1973, p. 253, tradução nossa)*.

---

* No original: "crime begins in the mind [...] crime is a definition of human conduct that becomes part of the social world".

É claro que esse conceito coloca em xeque a universalidade das leis (Taylor; Walton; Young, 1973) e deixa de considerar a necessidade de leis gerais que permitam a funcionalidade da comunidade para não se voltar ao método antigo da vingança privada, individual e coletiva, em que a disputa de poder por grupos privados passaria a ser regra na esfera penal, sobrepondo-se o mais forte, independentemente do critério de justiça.

É bom lembrar que a falta de uma regulamentação geral deixa a sociedade em um fluxo livre de pessoas e grupos que não respeitam as vidas alheias, a liberdade sexual, a dignidade humana, a liberdade física, o patrimônio físico da pessoa e da família, o meio ambiente etc. Sobre a vida em comum, Rafael Vieira Vianna (2014, p. 17) diz o seguinte:

> alguns desrespeitam os valores dos sentimentos, os direitos mais importantes de outras pessoas. Algumas pessoas matam, roubam o patrimônio, violam a liberdade sexual, desrespeitam a liberdade de outros. Infelizmente, alguns não compreendem o que é viver em sociedade, a sua importância, como isso nos é útil, como a vida fica mais fácil vivendo em grupo. Essas pessoas cometem crimes, têm condutas graves que ferem os valores mais importantes da nossa sociedade.

Quinney faz a interessante observação de que somente os grupos poderosos têm representatividade no poder (Taylor; Walton; Young, 1973). Com efeito, o que deve prevalecer na esfera pública é o **interesse público**, comum a todos, e não o interesse de alguns grupos poderosos e organizados. E aqui cabe a crítica à sociedade como um todo, no sentido de que a falta de interesse pela política e pelos assuntos comuns, em razão do exclusivo interesse pelos assuntos privados de que fala Sutherland, gera consequências negativas para todos.

Inobstante, a pergunta de Quinney (citado por Taylor; Walton; Young, 1973, p. 262, tradução nossa) parece ser a mais relevante para uma sociedade equilibrada: "Uma nova sociedade está vindo: Pode-se criar uma lei em uma boa sociedade desconsiderando-se interesses que assegurem somente a realização individual?".

Síntese

Conforme indicamos neste capítulo, a criminologia adquiriu forte caráter sociológico com os estudos de Durkheim. Uma das ideias centrais desse autor é a de que o crime decorre da falta de exercício das aptidões especiais das pessoas. A anomia, como demonstramos, seria a falta de regulamentação dessas aptidões, bem como a ausência de normas em determinados campos ou momentos (guerra civil, por exemplo). Nessa visão, a sociedade seria causadora do delito, ainda que Durkheim não exclua a responsabilidade individual em muitos casos.

Na sequência, apresentamos a teoria de Merton, que retomou o tema da anomia, mas entendendo-o como decorrente da falta de possibilidade de todas as pessoas atingirem metas sociais licitamente, o que as levaria a praticar crimes. Nesse aspecto, o Estado seria responsável por não permitir o acesso de todos às metas sociais.

Analisamos, ainda, outro estudo sociológico sobre o crime, decorrente das teorias ecológicas, e indicamos que esse ramo acadêmico apontou a existência de locais urbanos como geradores de crime. Tais locais seriam desorganizados socialmente, o que facilitaria a influência e prática criminosas.

Constatamos, ao longo deste capítulo, que as ideias apresentadas receberam críticas por não explicarem o fenômeno criminoso em toda sua extensão ou por não comprovarem em grande escala suas formulações. Nesse sentido, você deve considerar também as críticas muito consistentes de Edwin Sutherland, as quais apresentaremos no próximo capítulo.

Questões para revisão

1) Autor da ideia de *anomia* como falta de motivação para o cumprimento das normas:
   a. Edwin Sutherland.
   b. Cesare Beccaria.
   c. Alexandre Lacassagne.
   d. Émile Durkheim.

2) Segundo Robert Merton, a anomia deveria ter um novo sentido, uma vez que o crime seria causado pela falta de meios lícitos para se atingir:
   a. metas sociais.
   b. avanços acadêmicos.
   c. avanços científicos.
   d. produtos ilícitos.

3) Escola que estudava o ambiente urbano para procurar as causas do crime:
   a. Clássica.
   b. Positiva.
   c. Ecológica.
   d. Neoclássica.

4) Aponte uma crítica feita aos estudos criminológicos de Robert Merton.

5) Por que as correntes sociológicas de Émile Durkheim e Robert Merton e as teorias ecológicas são consideradas paradigmas etiológicos?

Questões para reflexão

1) O modelo determinista adotado pela escola lombrosiana, no que se refere ao indivíduo, é, muitas vezes, reproduzido em escolas sociológicas como a de Merton, no sentido de que é atribuída uma causa (determinação) ao crime, a qual não pode ser contrariada pelo autor. Aponte outras ideias deterministas ou de paradigma etiológico presentes neste capítulo e discorra sobre elas.

2) Em pesquisa de campo feita pelos alunos de criminologia, o furto de carnes nobres na cidade de Curitiba foi associado à intenção de trocar a mercadoria por *crack*. Diante dessa constatação, verifique se o referido furto se identifica com algum dos fundamentos da anomia ou da escola ecológica ou se apresentam outro tipo de motivação.

V

Conteúdos do capítulo:

» Mudança de paradigma na criminologia por intermédio de Edwin Sutherland.
» Conceito de *cifra oculta*.
» Crime do colarinho branco.
» Fraudes nos Estados Unidos e no Brasil.
» Falhas das teorias criminológicas.
» Teoria da associação diferencial.
» Desorganização social.
» Operação Lava Jato.
» Criminalidade organizada.

Após o estudo deste capítulo, você será capaz de:

1. compreender como ocorreu a mudança de modelo da criminologia após a obra de Sutherland;
2. verificar como a criminalidade oculta levou a criminologia tradicional a considerar preponderantemente os crimes praticados pelos pobres;
3. identificar os conceitos de *crime do colarinho branco*, de *associação diferencial* e de *desorganização social*;
4. relacionar as ideias apresentadas com a Operação Lava Jato.

Mudança de paradigma na criminologia: Edwin Sutherland

Conforme já destacamos, a criminologia sempre buscou examinar a motivação que leva ao delito, com base em conceitos como o de *determinismo individual* (escola positiva) e o de *livre-arbítrio*, bem como em teorias como a sociológica (Durkheim e Merton). No entanto, no fundo, o paradigma de criminoso sempre foi marcado por estigmas, como os de classe social e de raça (explicação do crime com base na pobreza e nas características físicas do indivíduo).

A seguir, examinaremos alguns conceitos completamente novos na criminologia, apresentados por Edwin Sutherland, como a cifra oculta, a associação diferencial, a desorganização social e a criminalidade do colarinho branco. O conjunto da obra de Sutherland constituiu uma completa mudança de paradigma na criminologia, visto que desafiou as velhas crenças etiológicas segundo as quais o crime decorreria de estado de pobreza, de doença mental ou da região na qual se vive.

5.1 Teoria de Edwin Sutherland

Imagine que você viu um homem pobre e de aparência desagradável arrancar a bolsa de uma senhora respeitável na rua e correr para se ocultar. Se ele for detido por populares, corre o risco de ser linchado. Ao percebermos o criminoso como um homem "feio" e "pobre", remontamos o estereótipo do criminoso predominante até o início do século XX. Era difícil imaginar que algo diferente desse modelo pudesse representar um criminoso, tanto no imaginário dos leigos quanto na visão dos estudiosos. Mudar um paradigma científico, conforme acentuou Thomas Kuhn (2000), exige bastante esforço.

Na criminologia, essa mudança ocorreu quando se percebeu que a mesma população enfurecida com trombadinhas deixava de perceber que indivíduos bem educados, ocupantes de altos cargos, poderiam fazer um estrago muito maior, a ponto de afetar de maneira mais nociva a vida da população. Tal estrago é consequência de crimes como lesões milionárias em negócios privados ou públicos, feitas por empregados particulares ou servidores públicos. Curiosamente, tais criminosos não costumam ser percebidos como delinquentes. Ao contrário, às vezes são até concebidos como pessoas bem-sucedidas e respeitáveis.

Certamente um dos autores mais importantes da criminologia contemporânea, justamente por mudar o antigo paradigma sobre o qual nos debruçamos, é Edwin Sutherland (1883-1950). Uma obra de referência desse autor é *Princípios de criminologia* (1949), na qual ele relata ter visitado diversas instituições públicas e privadas, como polícia, Ministério Público, Poder Judiciário e penitenciárias, para realizar sua pesquisa, de modo a confirmar que os delitos estão presentes em todos os espaços sociais, sendo praticados em todos eles por homens e mulheres. O autor constatou uma série de crimes, desde furtos de objetos em grande quantidade em lojas e hotéis e golpes promovidos no mercado empresarial por grandes empresários, que se passam por políticos, juízes e promotores, até abusos físicos e sexuais de crianças dentro das próprias casas. Em absolutamente todos os espaços havia crimes, os quais, no entanto, não apareciam nas cifras oficiais da criminalidade. A grandiosa pesquisa de Sutherland demonstrou, como ninguém havia feito antes, o problema da **cifra oculta**, isto é, a quantidade de crimes que não são registrados nas estatísticas criminais.

5.1.1 O conceito de cifra oculta

A cifra oculta ou cifra negra da criminalidade é calculada da seguinte maneira: o número de crimes reais (**criminalidade real**) é subtraído do número de crimes que são levados ao conhecimento das instituições oficiais, como os registrados mediante boletim de ocorrência (**criminalidade aparente**). Estima-se que a cifra oculta da criminalidade pode atingir 99%. Os motivos para essa ocorrência são variados: falta de investigação adequada, medo de retaliação da vítima, desconfiança de que as instituições não funcionam, crença de que o custo pessoal do procedimento é maior do que a realização da justiça etc.

Cifra oculta = Criminalidade real − Criminalidade aparente

O livro de Sutherland aborda temas muito importantes da criminologia sob uma ótica inovadora e profunda, podendo-se afirmar com segurança que é uma obra indispensável ao estudo do tema*.

5.2 Crimes do colarinho branco

Há um estudo de Sutherland, "White-Collar Criminality" (em português, "A criminalidade de colarinho branco"), composta pela transcrição de uma palestra proferida na Filadélfia

---

* Em inglês, o referido livro de Sutherland foi complementado posteriormente por Donald Cressey: SUTHERLAND, E. H.; CRESSEY, D. R. **Principles of Criminology**. 7. ed. Philadelphia; New York: J. B. Lippincott, 1966. Em português, a obra disponível é a publicada em 1949, de autoria exclusiva de Sutherland: SUTHERLAND, E. H. **Princípios de criminologia**. Tradução de Asdrúbal Mendes Gonçalves. São Paulo: Livraria Martins, 1949.

em 1939, que pode ser considerada o artigo mais importante escrito na criminologia (Sutherland, 1940, 2014). O objetivo dessa obra é tratar da criminalidade no âmbito dos negócios.

Sutherland (1940) inicia o escrito advertindo que nem os executivos nem os sociólogos estão acostumados a tratar da criminalidade nessa área, explicando que, segundo as estatísticas das agências oficiais, menos de 2% da população carcerária pertence à classe alta. Com base nesse raciocínio, as teorias do comportamento foram desenvolvendo teses de que a prática do crime tem vínculo com questões como a pobreza, as doenças mentais e as áreas marginalizadas dos espaços urbanos (Sutherland, 1940). O autor discorda dessa tendência, afirmando que a criminalidade não tem relação com pobreza ou doença mental ou áreas de pobreza. Sutherland (1940) inclusive alerta que essa maneira de pensar é preconceituosa por não incluir várias áreas, formas de negócios e profissionais. Com base em suas investigações, ele constatou que, no século XIX, os grandes barões dos negócios, como Vanderbilt, Stickney e J.P. Morgan (ferrovias), praticamente concordavam que, para concretizar seus empreendimentos, era necessário burlar as leis.

Na década de 1940, as coisas não eram diferentes. Empresários como Krueger, Satvisky, Whitney, Mitchell, Foshay, Insull, os Van Sweringens e Musica-Coster seguiram o mesmo caminho. Inúmeras investigações comprovam que cartórios de imóveis, estradas de ferro, seguros, armamentos, bancos, setores de utilidade pública, mercado de ações, indústria do óleo, imobiliárias, falências e concordatas e política apresentavam fraudes. Para se referir a essa realidade, Sutherland (1940) utilizou uma expressão que ficou mundialmente famosa: "a criminalidade do colarinho branco está presente em todas as atividades".

As manipulações do mercado de ações, as fraudes comerciais, a corrupção no setor público, os desvios de verbas, os golpes em fundos, as fraudes fiscais e tantos outros crimes consistiam no que Al Capone, famoso chefe da máfia de Chicago, chamava de *fraudes legítimas* (Sutherland, 1940). Claro que aí identificamos uma ironia de Al Capone ao perceber que seus crimes eram investigados; porém, crimes de mesmo nível de gravidade eram deixados de lado por terem outros autores ou estarem em outros setores sociais.

Os exemplos não param por aí. Sutherland (1940) menciona também a área médica. Quando a venda de bebidas alcoólicas era proibida, tanto álcool quanto narcóticos eram vendidos com prescrição médica falsa; relatórios fraudulentos eram feitos em casos de acidentes; tratamentos desnecessários eram prescritos com o objetivo de se ganhar dinheiro ilícito. Falsos especialistas proliferaram, desencadeou-se uma competição desleal, honorários ilegais foram cobrados e, mesmo assim, os pacientes eram enviados para médicos com menos qualificações para determinadas cirurgias, somente para se obter mais lucro.

Diante dessa perspectiva, os recentes escândalos que vimos no Brasil envolvendo pessoas que foram encaminhadas para cirurgias desnecessárias, inclusive com implantação de próteses sem recomendação somente para que os médicos ganhassem comissão, não são golpes novos (Máfia..., 2015). Como se vê, não foi o Brasil que inventou a malandragem; o problema é que a persistência da corrupção, em nível intolerável, faz com que os brasileiros vivam em um país com riquezas e recursos abundantes, porém, com uma qualidade de vida miserável. Essas são as consequências do fato de a classe política estar voltada para o enriquecimento individual, e não para os problemas e as soluções coletivas de seu país.

As fraudes médicas no Brasil chegaram a 28 bilhões de reais em 2017 (Brêtas, 2017). Há 70 anos, nos Estados Unidos, o mesmo aconteceu na área esportiva. Em um relatório da Comissão Federal de Negócios, de 1920, constatou-se que a propina era prevalente em muitas indústrias (Sutherland, 1940). Em 1934, a vigilância sanitária do estado de Indiana constatou que 40% das amostras de sorvete colhidas durante o verão violavam a legislação. Aproximadamente 75% dos bancos violavam as regras de câmbio (1908). A impressionante cifra de 20% dos bancários se apropriava ilegalmente de dinheiro do banco. Em 1916, 80% das declarações financeiras eram falsas (Sutherland, 1940). Curiosamente, a bolsa de Nova York quebrou em 1929, deixando um rastro de miséria e desemprego no mundo todo. No Brasil e no exterior, empresários cometeram suicídio diante da falência de seus negócios.

> **Importante!**
>
> Após ouvir especialistas e observar suas declarações, Sutherland comparou a corrupção dos políticos aos crimes cometidos por alguns empresários, chegando à conclusão de que a criminalidade do colarinho branco estava presente em ambas, embora fosse maior no ramo empresarial.

Ao utilizar a expressão *white-collar criminality*, provavelmente Sutherland não imaginava que essa seria a expressão mais famosa para caracterizar a criminalidade de setores econômicos privilegiados da sociedade.

Sutherland passou a analisar o custo financeiro dos crimes do colarinho branco, apesar de eles não serem considerados um "real" problema para a sociedade da época. As cifras que o criminólogo apresenta são estarrecedoras. Algumas comparações mostram o estrago que esses delitos causam. Por exemplo, um empregado de uma rede de lojas embolsou em um ano a quantia de 600 mil dólares, o que representou mais de seis vezes as perdas do ano ocasionadas por 500 furtos e roubos na mesma rede. Os inimigos públicos dos Estados Unidos, definidos de 1 a 6 pelo grau de danosidade, roubaram em 1938, juntos, a quantia de 130 mil dólares, enquanto a soma desviada por Krueger, um criminoso do colarinho branco, foi estimada em 250 milhões de dólares. Grandes concessionárias de veículos anunciavam a venda parcelada de carros com juros de 6%, mas, na verdade, os juros cobrados eram de 11,5%. Uma empresa de produtos de limpeza utilizava selos em seus produtos dando a entender que eram testados em laboratórios, quando na verdade não eram. Dos casos de embolso de fianças ou garantias, 90% não eram processados.

Após mencionar esses e outros exemplos, Sutherland (2014, p. 97) concluiu o seguinte:

A perda financeira decorrente do crime de colarinho branco, vultosa como é, é menos importante do que os danos para as relações sociais. Os crimes de colarinho branco quebram a relação de confiança e, por isso, geram desconfiança, o que reduz a moral social e produz desorganização social em larga escala. Já outros crimes produzem pouco efeito nas instituições sociais ou na organização social.*

---

* No original: "The financial loss from white-collar crime, great as it is, is less important than the damage to social relations. White-collar crimes violate trust and, therefore create distrust, wich lowers morale and produces social disorganization on a large scale. Other crimes produce relatively little effect on social institution. White-collar crime is real crime" (Sutherland, 1940, p. 5).

Depois de toda essa abordagem impressionante para a época, Sutherland (1940) comentou que os criminólogos deveriam utilizar os dados de sua pesquisa em suas teorias gerais sobre a criminalidade, sem cargas preconceituosas. Afinal, criminosos do colarinho branco também devem ser levados às cortes e julgados como qualquer outro criminoso.

Infelizmente, o que efetivamente acontece é que essa categoria de criminosos tem imunidade nos tribunais, em decorrência do poder que exerce em todas as esferas administrativas, legislativas e judiciais (Sutherland, 1940). O preconceito das cortes em julgamentos também acarreta um privilégio indevido aos criminosos do colarinho branco. Analisaremos mais atentamente esse assunto sob o enfoque dos estigmas no Capítulo 8.

Além disso, de acordo com Sutherland (1940), partícipes ou colaboradores dos criminosos de colarinho branco também devem responder pelos crimes daqueles, assim como partícipes de qualquer outro crime respondem pelo delito com o qual colaboraram. Com relação a esse assunto, Sutherland (1940) cita três casos:

1. O juiz Manton foi condenado por aceitar propina no valor de 664 mil dólares, mas seis ou oito empresários que pagaram as propinas não foram processados.
2. O chefe do Kansas City foi condenado por receber 315 mil dólares das companhias de seguros, mas estas e seus corruptores não foram responsabilizados.
3. Diversos desvios de valores bancários foram descobertos, mas muitos envolvidos não sofreram ações penais.

Com base em toda a pesquisa de Sutherland, concluímos que o estudo da criminologia tem-se fundamentado exclusivamente na "classe baixa", mesmo não havendo diferença essencial entre a criminalidade das classes ricas e pobres.

Quando Sutherland (1940) afirma que a diferença entre o crime do pobre e o do rico é somente incidental ou circunstancial e, portanto, não essencial, precisamos ter em mente o seguinte: enquanto uma pessoa pobre furta na rua a carteira de um transeunte distraído, por exemplo, um rico senador recebe um milhão de reais para votar em um projeto de lei contra o interesse público, mas a favor de um grupo empresarial representado por alguém que lhe corrompe ao entregar dinheiro (corrupção passiva do senador e corrupção ativa do empresário e seus partícipes); enquanto uma mulher pobre apanha um cartão previdenciário de sua falecida tia para receber no lugar dela a aposentadoria depositada mensalmente pelo governo (de um salário mínimo), uma empresária rica simula atividade empreendedora com garantias fraudulentas para desfalcar 50 milhões de reais com a conivência de um servidor de banco cujo governo é acionista. Imagine que essa seja a diferença incidental a que Sutherland (1940) se refere.

Como é possível perceber, o autor tem razão ao afirmar que o crime do colarinho branco é real. Apesar disso, os crimes cometidos por pessoas pobres são apurados pela polícia, pelo Ministério Público e pelo Poder Judiciário, ao passo que os crimes cometidos por altos executivos são tratados em comissões (por exemplo, pela comissão parlamentar de inquérito), conselhos, discussões no juízo cível etc., levando-os a esquivar-se rotineiramente do sistema penal.

> **Para saber mais**
>
> Recomendamos a leitura dos textos a seguir, que consideramos as mais importantes obras da criminologia.
> SUTHERLAND, E. H. **Princípios de criminologia**. Tradução de Astrúbal Mendes Gonçalves. São Paulo: Livraria Martins, 1949.
> SUTHERLAND, E. H. A criminalidade de colarinho branco. Tradução de Lucas Minorelli. **Revista Eletrônica de Direito Penal e Política Criminal**, Porto Alegre, v. 2, n. 2, p. 93-103, 2014. Disponível em: <https://seer.ufrgs.br/redppc/article/view/56251/33980>. Acesso em: 19 fev. 2020.

Edwin Sutherland entende que as coisas funcionam conforme a posição social, entre "classe alta" e "classe baixa". Essas expressões eram muito usadas em sua época para distinguir ricos e pobres. O que importa mesmo é que o tratamento entre classes continua sendo desigual. Para exemplificar, Sutherland (2014) menciona o caso do juiz Woodward, que condenou alguns funcionários da falida imobiliária H. O. Stone and Company, localizada em Chicago, por utilizarem cartas fraudulentas. Em 1933, o juiz Woodward assim se manifestou sobre o caso: "Vocês são homens de negócios, experientes, refinados e cultos, de excelente reputação e bem posicionados no mundo empresarial e social"* (Sutherland, 2014, p. 100). Esse exemplo evidencia, além da diferença de tratamento, o grau

---

* No original: "You are men of affairs, of experience, of refinement and culture, of excellent reputation and standing in the business and social world" (Sutherland, 1940, p. 8).

de influência que pessoas da mesma classe social de um juiz podem ter sobre ele.

A mesma rede de influências ocorre no Legislativo, no ato de elaboração das leis. Se a lei afeta desfavoravelmente a classe dos legisladores, estes tendem a rejeitá-la na origem, ainda que possa ser boa para a sociedade como um todo (Sutherland, 1940). As influências que sofrem os congressistas, além da visão classista, vão da simples pressão política até a propina robusta (Sutherland, 1940).

Do outro lado, raciocina Sutherland, estão as vítimas dos criminosos de colarinho branco, ou seja, consumidores, acionistas e investidores que, por falta de conhecimento técnico ou organização, tornam-se vítimas com facilidade. Citando exemplos concretos, como o caso de uma pessoa que sofreu prejuízo da companhia do famoso empresário Vanderbilt, Sutherland (1940) afirma que a diferença de forças é tão grande que é como "tirar doce de crianças". Em contrapartida, quando um crime de furto ou roubo ou estelionato é praticado contra uma pessoa da "classe alta", as instituições ligadas ao sistema penal atuam de forma implacável (Sutherland, 1940).

5.2.1 Falhas nas teorias da criminologia

Sem embargo às teorias criminológicas da época, é fácil entendermos que elas justificavam o crime pela pobreza ou pela psicopatia. Para invalidá-las, Sutherland (1940) aponta três motivos:

1. **Os criminólogos restringiram seus estudos aos casos levados aos tribunais e juizados de menores**
   » Como demonstramos, essa amostra é preconceituosa ou ignora que a criminalidade é bem mais abrangente. Tais casos são abundantemente de crimes praticados por pobres, e os criminosos do colarinho branco ficam excluídos da sistemática criminalização (Sutherland, 1940). Igualmente, dizer que o crime é praticado por causa da pobreza não é correto.
2. **A ideia geral de que a criminalidade está associada à pobreza não se aplica aos crimes do colarinho branco**
   » Normalmente, as crianças que se tornaram altos executivos não viveram na pobreza ou em bairros extremamente pobres. Com base nisso, Sutherland (1940) critica as teorias ecológicas, que tendem a atribuir a criminalidade a bairros pobres e a influências de locais com alta desorganização social.
3. **As teorias criminológicas também não explicam a criminalidade da pobreza nem das pessoas ricas**
   » Essas teorias apenas fazem referência a alguns fatores que podem, eventualmente, contribuir para o crime (Sutherland, 1940).

5.2.2   Teoria da associação diferencial

Com base na constatação de que as teorias convencionais são distantes de uma explicação convincente, correta e científica, Sutherland (1940) propôs uma nova, que ficou conhecida como *teoria da associação diferencial*. Ela parte da hipótese de que a criminalidade do colarinho branco e outras "criminalidades sistemáticas" são aprendidas. Esse aprendizado pode ser direto ou indireto e provém de grupos de pessoas que se separam das pessoas que cumprem as leis (Sutherland, 1940). Nas palavras do autor: "Se uma pessoa torna-se um criminoso ou não é amplamente determinado pela frequência e intimidade de seus contatos com as duas espécies de comportamento. Isto pode ser denominado de processo de associação diferencial"* (Sutherland, 2014, p. 102).

Não importa se os indivíduos são ricos ou pobres, se vivem em bairros abastados ou paupérrimos: o fator decisivo para a prática do crime é a proximidade deles com um grupo de descumpridores da lei (Sutherland, 1940).

5.3 Desorganização social

Existe uma segunda razão para a criminalidade se desenvolver: a desorganização social da comunidade. Para Sutherland (1940), as forças do comportamento, conforme a lei, pressionam para um lado, ao passo que as forças para o descumprimento da lei pressionam para o outro. Uma pessoa do ramo dos negócios pode ser induzida por um grupo empresarial a descumprir a lei em detrimento do bem-estar geral ou contra ele (Sutherland, 1940).

Esse ponto é muito importante no que se refere à **política criminal**. O quanto a sociedade está disposta a combater a corrupção, as fraudes na Administração Pública e esportiva,

---

* No original: "Whether a person becomes, a criminal or not is determined largely by the comparative frequency and intimacy of his contacts with the two types of behaviour. This may be called the process of diferential association" (Sutherland, 1940, p. 11).

os roubos violentos e homicídios praticados?* A explicação de Sutherland (1940) para essa questão é genial: muitas pessoas se preocupam com o crime e gostariam que a criminalidade diminuísse; porém, a maioria delas deixa prevalecer seus interesses próximos, individuais e particulares, como ir ao cinema, à igreja, a jantares ou ao clube. Esse processo de desinteresse real pelo combate ao crime foi denominado pelo autor como *desorganização social*.

Atualmente, os estudiosos da área se atêm preponderantemente a um único aspecto da obra de Sutherland, que é a **teoria da associação diferencial**. Ao lermos seu livro *Princípios básicos de criminologia*, constatamos que o autor quis explicar uma hipótese para a prática de alguns crimes, especialmente aqueles cujo aprendizado ocorre em grupo. Não foi a intenção dele fornecer um conceito absoluto e completo da motivação social do crime. Isso fica claro em seu trabalho quando ele afirma, por exemplo, que não há como explicar por que há sujeitos que adotam o comportamento criminoso em alguns casos, ao passo que outros indivíduos, nas mesmas situações, não o praticam.

Por isso, podemos dizer que há muito equilíbrio na teoria da associação diferencial, visto que ela reconhece os próprios limites. Acreditamos que a falta de destaque dos doutrinadores das ideias de Sutherland decorre, mais uma vez, da interferência indevida de ideologias. Do lado da **extrema direita**, não é difícil imaginar que Sutherland é um autor inconveniente, pois desvelou para o mundo o direcionamento do sistema penal contra os pobres e em benefício dos executivos. Por outro lado, o da **extrema esquerda**, a teoria do autor descontrói a ideia da criminologia marxista de que o crime é uma espécie de revolta

---

* Em seu livro *Princípios básicos de criminologia*, Sutherland discorre mais detalhadamente sobre o assunto.

do proletário contra o sistema capitalista opressor. Se a ideia de Sutherland estiver certa (e acreditamos estar), o crime não é praticado por causa da pobreza, e essa constatação limita, em muito, a influência dos espectros políticos de esquerda e de direita em suas tentativas indevidas de absorver completamente a criminologia.

Sutherland é mencionado preponderantemente no que se refere à associação diferencial, embora sua produção relacionada ao descortinamento dos assuntos referentes ao crime tenha sido deixada discretamente de lado. Mesmo a expressão que ele cunhou, *crime do colarinho branco*, não explica todo seu trabalho. Enfim, até aqui examinamos somente um artigo de doze páginas. Há muito mais para desvelarmos nos próximos capítulos.

Resumo do texto de Sutherland

O artigo "A criminalidade de colarinho branco" é uma obra-prima da criminologia. Em doze páginas, Sutherland (1940, 2014) faz uma análise da sociedade, do crime e da criminologia que ninguém havia feito até então. Podemos, inclusive, considerá-lo o maior escrito da criminologia por sua profundidade, mudança de paradigma, coragem em confrontar o interesse dos poderosos, visão aguda da realidade, entre tantos outros atributos.

Confira a seguir o resumo que o próprio Sutherland (2014, p. 103) fez de suas ideias:

> *Neste estudo, foi apresentada uma breve e geral descrição da criminalidade de colarinho branco no quadro argumentativo relativo às teorias do comportamento criminoso. Essa discussão, desprovida da descrição, pode ser definida com as seguintes proposições:*

1. A criminalidade de colarinho branco é realmente criminalidade, sendo em todos os casos violação da lei penal;
2. A criminalidade de colarinho branco difere da criminalidade da classe baixa, sobretudo, na aplicação do direito penal, ao segregar administrativamente os criminosos da primeira classe dos demais;
3. As teorias dos criminólogos de que o crime deriva da pobreza ou de condições psicopáticas e sociopáticas, estatisticamente associadas com a pobreza, são inválidas porque se baseiam em amostras que são grosseiramente enviesadas no que diz respeito ao status socioeconômico; não se aplicam aos criminosos de colarinho branco; e não explicam sequer a criminalidade da classe baixa, visto que os fatores não estão relacionados a um processo característico geral de toda a criminalidade.
4. Uma teoria do comportamento criminoso que explique tanto a criminalidade de colarinho branco como a da classe baixa é necessária.
5. Uma hipótese desta natureza é sugerida nos termos de associação diferencial e desorganização social.*

---

* No original: "1. White-collar criminality is real criminality, being in all cases in violation of the criminal law. 2. White-collar criminality differs from lower class criminality principally in an implementation of the criminal law which segregate white-collar criminals administratively from other criminals. 3. The theories of the criminologists that crime is due to poverty or to psychopathic and sociopathic conditions statistically associated with poverty are invalid because, first, they are derived from samples which are grossly biased with respect to socioeconomic status; second, they do not apply to the white-collar criminals; and third, they do not even explain the criminality of the lower class, since the factors are not related to a general process characteristic of all criminality. 4. A theory of criminal behaviour which will explain both white-collar criminality and lower class criminality is needed. 5. An hypothesis of this nature is suggested in terms of differential association and social disorganization" (Sutherland, 1940, p. 11-12).

Temos de considerar que Sutherland desenvolveu seu pensamento revolucionário na década de 1930, e muitas coisas mudaram desde então, principalmente a percepção de que as avaliações da criminologia que o antecederam estavam equivocadas. Contudo, as contribuições de Sutherland permanecem atuais. Muitos países sofrem com índices inaceitáveis de corrupção e outros crimes do colarinho branco. A seguir, veremos o cenário brasileiro sob a ótica desse tipo de criminalidade.

5.4 Colarinho branco no Brasil e a Operação Lava Jato

Conforme vimos nos capítulos anteriores, os crimes praticados com vítima individual e por pessoas estigmatizadas tomavam a atenção da sociedade como um todo. Consequentemente, os delitos praticados por criminosos de colarinho branco ou, até mesmo, por pessoas ditas "normais" (não estigmatizadas) eram imperceptíveis para a maioria das instâncias sociais. Analisaremos os motivos desse tratamento diferenciado mais adiante, quando estudarmos os estigmas.

Nos tempos atuais, os crimes praticados contra a Administração Pública também foram deixados em segundo plano. Normalmente, a vítima do crime do colarinho branco não é individual, como ressaltamos anteriormente, mas coletiva (Busato, 2016). Talvez esse seja um dos fatores que explique a quase indiferença nos países emergentes a essa prática, no sentido de que a população tem mais dificuldade em perceber a gravidade desse tipo de conduta. Afinal, percebemos mais facilmente o prejuízo de um furto de eletrodomésticos de uma residência do que aquele proveniente da apropriação ou do desvio de dinheiro público*, ainda que este último envolva valores muito mais elevados.

A maior operação contra a corrupção desencadeada no Brasil, denominada *Operação Lava Jato*, revelou que os crimes do colarinho branco não constituíam exceção, ao contrário eram praticados de maneira generalizada pelo alto escalão da Administração Pública federal. Tantos crimes graves não aconteceram de uma hora para a outra ou foram comandados por uma única quadrilha. Trata-se de um sistema de favorecimento de criminosos ricos dentro e fora do governo, que conta com o apoio do Legislativo e do Judiciário. Por muitos anos, houve também a condescendência da sociedade como um todo.

Em obra que aborda a influência do direito penal para criminosos de colarinho branco, Diogo Castor de Mattos (2018) demonstra que até o advento da Operação Lava Jato, em Curitiba, sistematicamente as decisões judiciais favoreciam os poderosos. Quando havia uma importante investigação contra criminosos de colarinho branco, rotineiramente acontecia uma decisão judicial diferente daquelas proferidas para os pobres, rápida e que contrariava os precedentes, anulando todo o processo e, consequentemente, tornando impunes todos os criminosos, apesar da abundante quantidade de provas apuradas. Ou então ocorria a prescrição.

Mattos (2018) trata de uma enorme quantidade de crimes econômicos praticados no Brasil, todos (ou a maioria) com um final feliz para os criminosos. Isso ocorreu até 2014, quando a mencionada operação foi deflagrada em Curitiba, que, na época, sofreu inúmeros contra-ataques dos Três Poderes (Mattos, 2018). Os exemplos formulados pelo autor são estarrecedores.

---

* Por exemplo, pela prática de crimes como o peculato ou a fraude à licitação.

Conforme demonstramos anteriormente, algumas das maiores operações desencadeadas pela Polícia Federal antes da Operação Lava Jato tiveram suas provas anuladas por intermédio de *habeas corpus* do Superior Tribunal de Justiça (STJ) ou do Supremo Tribunal Federal (STF). Isso aconteceu, por exemplo, com as operações Satiagraha, Castelo de Areia, Sundown e Boi Barrica (Mattos, 2018).

Rodrigo Chemim (2017) afirma, com razão, que a Lava Jato deixou duas opções para os criminosos de colarinho branco: (1) aguardar o processo findar e receber penas elevadas ou (2) colaborar no combate à corrupção e devolver o dinheiro desviado, a fim de cumprir um tempo menor de prisão.

Apesar de todo o esforço da Lava Jato, enquanto grande parte da classe política de todos os escalões se ocupa de finanças ilícitas, do outro lado a criminalidade violenta organiza-se cada vez mais, fazendo com que a qualidade de vida da população fique muito abaixo do necessário para a dignidade humana.

Após uma série de ataques ocorridos em São Paulo em 2006, com 27 rebeliões simultâneas que vitimaram diversas pessoas, especialmente policiais em serviço ou fora dele, ficou claro para todos que as organizações criminosas fazem do presídio seu escritório. Ainda assim, é válido ressaltar que o dinheiro dessa forma de criminalidade também é lavado, passando novamente pela corrupção, e isso com a colaboração de todos os poderes (Souza, 2006).

O desleixo dos governantes com os presídios brasileiros fez com que as carceragens desumanas favorecessem a subcultura voltada para a criminalidade. Em estudo sobre os estigmas, constatamos que, ao se tratar um grupo como inimigo, esse grupo responderá como inimigo. Iludir os presos, que vivem em condições subumanas, com o discurso enganoso da ressocialização gerou a repulsa e o ambiente propício para a pior resposta possível (Bacila, 2015b).

Nesse ponto, o aspecto menos importante de Sutherland (1940), que é a teoria da associação diferencial, aplica-se muito bem aos delitos aprendidos em penitenciárias, ensinados pelos grupos organizados voltados para o crime. Enquanto os políticos se apropriam de um dinheiro que poderia ser aplicado para o bem comum e os empresários superfaturam obras e aplicam calote na população, os criminosos ensinam, nos presídios, outros colegas a esfolarem ainda mais as pessoas com roubos, homicídios e terror. Percebemos, assim, que tudo está relacionado, e o resultado é a **perda da paz social, da qualidade de vida** minimamente aceitável e **da segurança jurídica** nos negócios e no emprego.

A corrupção não é um problema de países ricos ou pobres: trata-se de falta de boa educação desde o berço, passando pela escola infantil e pelos exemplos das pessoas públicas. É por isso que precisamos nos preocupar com as teorias que fogem à realidade, com as ideologias que tentam apropriar-se do estudo criminal e com a divagação sem nexo e sem comprovação. Para finalizar, consideremos a seguinte afirmação de Percival de Souza (2006, p. 14, grifo nosso), que aborda, em sua obra, a criminalidade organizada que surgiu nos presídios: "Esse é o mundo do crime moderno, que transforma presídio em escritório, líderes de facções em patrões, dominados em empregados, **cemitérios em valas de teorias**".

Síntese

Neste capítulo, esclarecemos que, a partir de Edwin Sutherland, houve um verdadeiro rompimento com os vários modelos de criminologia expostos até a primeira metade do século XX. Sutherland demonstrou que a criminologia deveria analisar todas as pessoas que praticavam crimes, não se restringindo somente aos pobres, os quais figuravam nas estatísticas. O autor revolucionou a criminologia ao trazer esse novo modelo, fundamentado em pesquisas de campo. Além disso, ele desenvolveu conceitos importantes, como o de cifra oculta, de crime do colarinho branco e de associação diferencial.

Os temas tratados por Sutherland permanecem atuais. Prova disso é que, em 2014, a Operação Lava Jato demonstrou que o Brasil estava envolto em um mar de corrupção. O foco do serviço público foi desviado para o ganho individual. Isso abriu caminho para outros desvios, como foi o caso dos presídios, que, além de serem mal administrados, tratavam os presos com estigma. Esse ambiente favoreceu o surgimento de facções organizadas.

Questões para revisão

1) Analise as alternativas a seguir sobre a teoria de Edwin Sutherland e assinale a que estiver **incorreta**:
   a. Afirmou que não era possível neutralizar alguns crimes, mesmo com o empenho da sociedade.
   b. Mudou o paradigma da criminologia, que, até então, era extremamente simplista e não incluía os executivos.
   c. Fundou o conceito de *crime do colarinho branco* e a teoria da associação diferencial.
   d. Desenvolveu o tema da cifra oculta e foi o fundamentador da criminologia contemporânea.

2) A quantidade de crimes conhecidos pelas estatísticas oficiais é denominada:
   a. cifra oculta.
   b. cifra aparente.
   c. criminalidade real.
   d. criminalidade paradoxal.

3) Segundo entrevistados que já foram dependentes de drogas, o contato prolongado com pessoas nas mesmas condições, praticantes de delitos, levava-os a praticar crimes. Esse relato é convergente com a seguinte teoria da criminologia:
   a. criminoso nato.
   b. anomia.
   c. associação diferencial.
   d. cifra oculta.

4) Segundo Sutherland, por que as teorias criminológicas vigentes em sua época falhavam?

5) Cite exemplos de melhorias que podem acontecer no Brasil por meio da Operação Lava Jato caso ocorra uma expressiva diminuição da corrupção nos assuntos públicos.

Questões para reflexão

1) Se no Brasil não houvesse tantos crimes praticados por membros da Administração Pública e do meio empresarial, a qualidade de vida da população seria melhor? Por quê?

2) Você concorda com a ideia de desorganização social proposta por Sutherland para explicar a não eliminação de alguns crimes? Por quê?

VI

Conteúdos do capítulo:

- » Behaviorismo como tentativa de explicar a conduta humana.
- » Pragmatismo como possibilidade de as coisas funcionarem.
- » Panóptico e a microfísica do poder.
- » Ressocialização e o preconceito intrínseco dessa ideia.
- » Teoria das subculturas e os jovens delinquentes de Albert K. Cohen.
- » Antipsiquiatria e a nova visão da loucura.
- » Interacionismo do desvio e a "teoria do etiquetamento".
- » Reação social ao delito como fator importante.
- » Responsabilidade social.
- » Lei como "causadora" do crime.

Após o estudo deste capítulo, você será capaz de:

1. apontar as causas do comportamento criminoso e as formas de evitá-lo;
2. refletir sobre as possibilidades múltiplas de compreensão das influências que levam a pessoa a delinquir ou a evitar tal comportamento;
3. avaliar a perspectiva da não explicação dos motivos geradores do crime, a fim de lidar com o fenômeno conforme as limitações humanas;
4. verificar como a reação social ao delito adquire aspecto tão ou mais relevante do que a prática do crime;
5. avaliar o movimento contra o tratamento estigmatizador dos doentes mentais a partir da década de 1950;
6. compreender as críticas feitas a essas correntes.

Outras teorias e concepções contemporâneas

Neste capítulo, analisaremos teorias sobre a criminalidade que sucederam ou são paralelas à mudança de paradigma da criminologia após Sutherland. Verificaremos especialmente as subculturas estudadas por Albert Cohen, bem como o pragmatismo, filosofia que não se ocupou especificamente do crime, mas que trazemos para debate porque seus conceitos podem ser muito úteis para entender parte do comportamento criminoso e como atuar para evitá-lo.

Também examinaremos as teorias da reação social, que tiram de foco o crime em si e as razões que o motivaram para examinar as reações da sociedade ao ato ilícito praticado. Por fim, apresentaremos duas ideias de explicação para o crime, uma relacionada a fatores genéticos e outra a fatores psicológicos traumáticos.

6.1 Behaviorismo

Um dos maiores representantes da corrente que ficou conhecida como *behaviorismo* foi Ivan Petrovich Pavlov (1849-1936), que desenvolveu pesquisas nas áreas de psicologia e psiquiatria. O fisiologista russo dedicou-se ao estudo dos **reflexos condicionados** e ficou famoso por realizar experiências com cachorros. O autor constatou que sensações como medo, fome e ansiedade são mais objetiváveis do que poderíamos supor. Essa nova visão abriu um imenso campo na pesquisa humana por não tratar simplesmente de pensamentos, mas de reações a questões nervosas (Soares, 2003). Nessa área comportamental, abriu-se uma rede de relações com diversas ciências, que vão desde a psicologia até a linguística.

Segundo Burgess e Akers, o comportamento criminal depende de reforços positivos e negativos. Para esses autores, a principal fonte de aprendizado do crime está no **reforço**. As origens desses reforços são explicadas pelas privações e pela falta de reforços normais. Duas das referidas fontes de reforço são a **aprovação social** e o *status* (Taylor; Walton; Young, 1973).

Outro grande teórico do behaviorismo foi Burrhus Frederic Skinner (1904-1990). Ao realizar experimentos em animais, esse cientista percebeu que a recompensa gera maior colaboração do que a punição (Carnegie, 1983). Tais argumentos não lhe parecem válidos também para o caso da criminalidade organizada nos presídios? Afinal, a falta de aprovação social é um fator que desestabiliza a vida de uma pessoa. Uma abordagem similar foi desenvolvida por um dos maiores cientistas do pragmatismo norte-americano. É o que analisaremos a seguir.

6.2 Pragmatismo

Conforme preleciona Francisco Bissoli Filho (2011, p. 299), o

> *pragmatismo surge com o texto intitulado How to make ideas clear, publicado no ano de 1878, no qual Peirce concita todos a fazerem com que a lógica ensine as pessoas a tornarem suas ideias mais claras, isto é, a "sabermos o que pensamos" e a "sermos senhores do que queremos", uma vez que "uma única ideia confusa, uma simples fórmula sem significado, escondida na mente de um jovem, atuará por vezes como um material inerte obstruindo uma artéria", o que fará com que esse jovem definhe na abundância do seu vigor intelectual. Por isso,*

Peirce sugere que se devam considerar os efeitos práticos de certos comportamentos, pois a concepção desses efeitos constitui o conjunto das concepções que se têm do objeto. Em suma, para Peirce, as ideias claras produzem efeitos práticos, pois a ação humana é impulsionada pela capacidade de intelecção e pela volição. Para o pragmatismo, segundo James, "uma ideia é verdadeira na medida em que acreditar nela é proveitoso para nossas vidas".

Seguidor e inovador das ideias dos pragmatistas William James e John Dewey, o estudioso de oratória e relações humanas Dale Carnegie (1888-1955) constatou que as pessoas são sedentas de reconhecimento social, algo que ele denominou **sensação de importância**. Segundo o autor, se carecemos dessa sensação pelos meios normais, tendemos a fazer de tudo para conseguir tal reconhecimento, inclusive chegando ao ponto de praticar crimes para obtê-la.

Na biografia que escrevemos sobre Dale Carnegie, intitulada *A vida de Dale Carnegie e sua filosofia de sucesso*, analisamos particularmente essa questão (Bacila, 2015a). Carnegie estudou a vida e as características de criminosos muito famosos, como "TwoGun" Crowley, Dutch Schultz, Al Capone e prisioneiros da prisão de Sing Sing. Pouco antes de morrer, "TwoGun" chegou a escrever uma carta alegando ser incapaz de ferir qualquer pessoa. Contudo, a história não era bem assim; segundo o comissário de polícia E. P. Mulrooney, "Ele matará ao cair de uma pena" (Carnegie, 1983, p. 3, tradução nossa). Dutch Schultz, outro gângster muito procurado, alegou que se considerava um benfeitor público, do mesmo jeito que Al Capone se considerava alguém que colaborava com a diversão da sociedade de Chicago (Carnegie, 1983).

Outros criminosos e organizações criminosas apresentaram relação com as fontes de reforço de comportamento legal ou ilegal. Nos anos que sucederam a Grande Depressão (1929), Bonnie e Clyde faziam uma famosa dupla de gângsteres, considerada extremamente perigosa. Ambos foram mortos em 1934 pela polícia (Cabral, 2019).

> ### Preste atenção!
>
> Apesar de terem-se tornado criminosos famosos, Bonnie e Clyde também tinham um lado artístico: o casal compartilhava um caderno de poesias (Guinn, 2010; Flood, 2019). Com talento para a escrita descoberto ainda na infância, Bonnie chegou a submeter alguns poemas aos jornais – um deles, "The Story of Suicide Sal", foi publicado pela imprensa em 1933, após ser encontrado no esconderijo do casal (Roseberg, 2019). Ela também adorava tirar e posar para fotos e sempre sonhou em ser uma atriz ou poetisa famosa (Guinn, 2010).

Debruçando-se sobre a vida de criminosos famosos, Dale Carnegie revolucionou o sistema de educação nas escolas ao desenvolver um método de ensino baseado na aprovação de pequenos progressos, ainda que pequenos, evitando-se dedicadamente a crítica às falhas (Bacila, 2015a). Esse método contrariou a tendência da punição rigorosa e disciplinadora comentada por Foucault (1991).

> **Para saber mais**
>
> O pragmatismo é uma filosofia que busca soluções práticas para questões essenciais da vida, desde a melhoria do bem-estar de uma pessoa que a adota até o melhoramento de suas funções profissionais, como no caso da oratória. Para entender melhor o alcance do pragmatismo nas diversas áreas, leia o livro indicado a seguir.
> BACILA, C. R. **A vida de Dale Carnegie e sua filosofia de sucesso**. 2. ed. Curitiba: Belton, 2015.

6.3 Panótico e a microfísica do poder

O filósofo estruturalista Michel Foucault (1926-1984) aponta que o exercício de poder da sociedade até o século XVIII tinha forma de espetáculo: levar o condenado à praça, aplicar-lhe um castigo corporal diante de todos e depois matá-lo. Isso passa uma mensagem para a população de que "se você contrariar a vontade do rei, estará em apuros".

Na obra *Vigiar e punir*, Foulcault (1991) descreve a condenação de Damiens, ocorrida em 2 de março de 1757, para ilustrar esse tipo de mensagem. Com o objetivo de açoitar a dignidade do condenado, cortes e queimaduras foram feitos em seu corpo, que estava seminu. Cordas foram amarradas nos braços e ligadas a cavalos, os quais dispararam para arrancar seus membros. Esse sofrimento e tais humilhações públicas constituem a denominada **punição em forma de espetáculo** (Foucault, 1991; Bacila, 2015a).

No final do século XVIII, o poder passou a empregar uma forma mais sofisticada de exercício, isto é, disciplinando rigorosamente nas escolas (por meio de uniformes, da distância simétrica entre as carteiras, do comportamento submisso por parte dos alunos etc.), nos quartéis, nas fábricas, nos conventos, nas prisões etc. A vigilância e as punições também passaram a ser exemplares, e essa forma de poder, de acordo com Foucault (2004), é mais eficaz, porque tem mais chances de ser disseminada em toda a sociedade, como pequenas partículas distribuídas e multiplicadas – daí a expressão **microfísica do poder**.

Nesse sentido, consideremos a figura do **panóptico** (*panopticon*) relacionada à permanente vigilância das pessoas, originária do modelo de penitenciária hexagonal de Jeremy Bentham (1748-1832). Esse modelo objetivava, a partir de um prédio interno no presídio, vigiar de maneira permanente e ininterrupta os presidiários, 24 horas por dia (Foucault, 1991).

Sobre essa nova forma de poder, Foucault (1991, p. 190-191) fez o seguinte comentário:

> *Não que a modalidade disciplinar do poder tenha substituído todas as outras; mas porque ela se infiltrou no meio das outras, desqualificando-as às vezes, mas servindo-lhes de intermediária, ligando-as entre si, prolongando-as, e principalmente permitindo conduzir os efeitos de poder até os elementos mais tênues e mais longínquos. Ela assegura uma distribuição infinitesimal das relações de poder.*

O gesto marcado e o comportamento manipulado do estudante também são característicos desse sistema (Foucault, 2004). Já no sistema educacional desenvolvido por Dale Carnegie, como demonstramos anteriormente, criticar o estudante era proibido. Em vez disso, a orientação era encontrar os aspectos positivos desenvolvidos pelo aprendiz. Esse sistema funcionou bem nos cursos de oratória e relações humanas de Carnegie e certamente poderia ser muito melhor para a educação em todos os níveis que pretendemos tornar acessível a todos os cidadãos (Bacila, 2015a).

No que se refere ao sistema prisional, em vez de dar reforços positivos, seja sob a ótica de Burgess e Akers, seja sob a visão de Dale Carnegie, o que acontece usualmente no Brasil é o oposto, isto é, o preso é tratado de maneira estigmatizadora (Bacila, 2015b).

6.4 Ressocialização

Um bom exemplo de tratamento estigmatizador do preso é a visão de que a finalidade única da pena é a ressocialização. Esse é um tema que faz parte de todos os mecanismos sociais fora e dentro dos presídios, mas que não é a finalidade essencial da pena*. O discurso da ressocialização é estigmatizador porque preconiza mudança de comportamento como fim, embora as condições de cumprimento da pena sejam desumanas. Ora, sabemos que a mudança de comportamento depende de uma série de fatores que não estão ligados diretamente à pena, mas que são acessíveis por meio da educação escolar, da religião, dos livros, do trabalho, das artes, dos esportes etc.

---

* Conforme demonstraremos mais adiante, Claus Roxin, um dos maiores penalistas da atualidade, desenvolve a teoria unificadora dialética, que apresenta três estágios. A ressocialização, porém, é apenas um deles, não a totalidade da finalidade da pena, segundo o penalista.

A pena de prisão está relacionada à prática de crimes e é limitada pela legislação criminal e constitucional, não tendo, por isso, o objetivo de "educar" pessoas. Percebemos aí o quanto esse entendimento é deturpado. Afinal, ressocializar adultos significa tratá-los como se fossem inferiores, ou seja, como se fossem menos humanos ou não tão humanos. Comparemos esse tratamento àquele dado ao mendigo: geralmente, deseja-se que ele tome banho, vista-se melhor, trabalhe e ingresse no mercado formal, o que é algo muito grande a se alcançar; no entanto, enquanto ele não se adéqua a esse "padrão", ele é invisível para as coisas boas (cumprimento, café, respeito, casa de atendimento etc.).

Na obra *Criminologia e estigmas*, após efetuar a comparação entre o tratamento estigmatizador do mendigo e do preso, concluímos:

> *Portanto, querer ressocializar o preso é estigmatizá-lo. Olhar de cima para baixo. Ao invés disto, tem-se que tratá-lo com dignidade e respeito aos direitos humanos. Dentro do sistema penitenciário, deve-se ter assistência religiosa para os que quiserem, trabalho disponível aos que pretenderem trabalhar, atividades esportivas, culturais etc. A atração dos presos e presas para estas atividades benéficas depende da criatividade da política penitenciária que se adota. Se o preso quiser aderir a estas atividades, melhor para ele e para a sociedade, mas se não quiser não há nada no universo que possa contrariar esta vontade. Quem está fora da prisão e é livre fisicamente vive o mesmo dilema: melhorar ou não, contribuir para um mundo melhor ou não. É a parte do livre-arbítrio que nos cabe. Diariamente vemos pessoas fora da prisão beneficiando ou prejudicando o planeta, o tempo todo.* (Bacila, 2015b, p. 228)

Em síntese, o que vemos na realidade é que o discurso sem compromisso da ressocialização como finalidade exclusiva da pena proliferou. Curiosamente, na hora de se escolher o diretor de um presídio, utiliza-se o critério político ou pessoal. Então, evidentemente, nem uma coisa nem outra funciona. Em um sistema em que o mérito ou a qualificação técnica ou competência são deixados de lado, podemos concluir que o discurso e a teoria estão mesmo na vala do cemitério.

> Preste atenção!
>
> Uma hipótese levantada para justificar a atitude contra a legalidade é a **neutralização**. Observando-se adolescentes que descumpriram as leis, considerou-se que tais atitudes foram decorrentes do ressentimento ao controle, o que levaria a atos criminosos. Para evitar o sentimento de culpa, os infratores utilizam técnicas de neutralização, que consistem em justificar o delito como "autodefesa preventiva" (Costa, 2005). Essa ideia pode ser analisada em crimes de toda a natureza, isto é, justificativas que fazem a pessoa acreditar que está agindo da maneira certa.
>
> Para melhor compreender essa ideia, imagine alguém que se apropria de dinheiro público ilicitamente e pensa que "todos agem da mesma maneira". O estudo desse tipo de atitude pode ajudar em campanhas de educação para a proteção de bens jurídicos (do setor público e particular), afinal, todos podem ser beneficiados com um comportamento que tenha a visão do outro e da sociedade como um bem de todos.

6.5 Teoria das subculturas

Subcultura é uma cultura não convencional, que não segue os comportamentos da moda e da sociedade. Não pense que se trata de uma cultura inferior; ela apenas não segue os mesmos parâmetros usuais. A subcultura tem como característica, inclusive, adotar um padrão normativo oposto ao da cultura dominante (Figueiredo Dias; Andrade, 1992).

Não há um consenso dos autores que estudam essa área, a não ser no sentido de que a subcultura pode explicar o comportamento criminoso. Acredita-se que a ideia mais difundida de *subcultura* seja a de Albert K. Cohen (1918-2014), antigo colaborador de Sutherland. Coincidentemente, ele também abordava as subculturas, tanto que tratava da **associação de diferentes**. O fato é que Cohen pesquisou as gangues juvenis que praticavam delitos.

Gabriel Ignacio Anitua (2008, p. 500-501) sintetizou as ideias de Cohen sobre as gangues da seguinte maneira:

> Eram compostos por jovens do sexo masculino, pertencentes a famílias da classe trabalhadora, e normalmente cometiam delitos; a) expressivos ou não utilitários, isto é, que não servem para os jovens adquirirem as coisas inacessíveis pelos meios legais, mas que produzem prazer por si mesmas e, sobretudo, permitem obter um reconhecimento dentro do grupo; b) maliciosos, isto é, simplesmente obtêm prazer por incomodar a moral geral ou quem a respeita; c) negativistas, isto é, que se definem por oposição aos valores da cultura geral ou da classe média, não têm referência autônoma, mas são exatamente o contrário do que aquela (a cultura geral) prescreve; d) variáveis, isto é, [...] não se especializam num comportamento delitivo, mas sim realizam uma grande variedade de atos delitivos,

ou que sem chegar a sê-lo aparecem como contrários a esses valores gerais – desde furtos, até provocar desordens ou faltar aula ou à boa educação; e) hedonistas a curto prazo, o que se relaciona com o [item] anterior, pois não realizam atividades planificadas, mas sim respondem ao impulso; e f) reforçadores da independência do grupo, mediante a hostilidade e a resistência a outros grupos, especialmente à autoridade ou a instituições que a representem – família, escola etc.

Subculturas podem ser voltadas para o crime (ou não) ou praticá-lo eventualmente. Elas podem ser formadas por grupos de músicos, atores, ambientalistas, consumidores de drogas, jovens de gangues, *punks*, rockeiros, *hooligans*, cadeirantes que jogam basquete etc. O fundamental é o fato de as pessoas se sentirem valorizadas na subcultura, muitas vezes recebendo um **reconhecimento** que não encontram na sociedade convencional.

Vamos a um exemplo: Alfonso é condenado à pena privativa de liberdade por furto em residências. Ele sofre a rejeição dos moradores de seu bairro e é estigmatizado como ladrão. Nos meios externos, encontrará mais críticas e tratamento estigmatizador. Contudo, na prisão recebe elogios pela habilidade de invadir residências, abrindo portas difíceis de serem transpostas. Em virtude disso, é convidado para integrar um grupo criminoso. Esse acolhimento típico da subcultura afeta o ponto que vimos anteriormente: a necessidade que os indivíduos têm de serem reconhecidos, acolhidos e valorizados de alguma forma ou de simplesmente chamar a atenção da sociedade. Nesse ponto, sustentamos que o tratamento estigmatizador favorece o ingresso em subculturas criminosas, e, se o caso for extremo, favorece a resposta à sociedade como forma de vingança. Aquele que é tratado como inimigo passa a agir como inimigo.

6.5.1 Alternativa em caso de prática de crimes

Podemos acreditar que a política criminal pode evitar situações de reprodução de criminalidade, como a que vimos anteriormente. De que maneira? Ora, conferindo um tratamento **não estigmatizador** à pessoa, seja ela quem for. É certo que a municipalidade deve atender igualmente moradores de todas as regiões e camadas sociais. Porém, os governantes têm de ter a humildade de ouvir os habitantes de regiões mais pobres para entender o que é necessário fazer em seus bairros para melhorá-los.

Devemos pensar que é crucial evitar soluções arrogantes, de cima para baixo. Para isso, é necessário ouvir o outro em igualdade de condições, respeitando-o ao não "diminui-lo" porque é pobre, o que caracteriza, em muitos casos, tratamento estigmatizador (Bacila, 2015b). Assim, ouvir as vítimas, a comunidade que sofre com o crime e as associações de moradores apresentará muitos caminhos plausíveis para a prevenção e o combate da criminalidade.

6.6 Teorias da reação social

Conforme apontamos, as teorias subculturais seguiram o mesmo caminho das teorias que encaram o crime como fato social ou oriundo de motivos sociais.

Nesta seção, apresentaremos uma linha que não se preocupa tanto com o ato praticado ou com os motivos que levam alguém a cometer um crime. Você perceberá que, para os teóricos do interacionismo simbólico, o mais importante é **como a sociedade reage** de formas diferentes diante de um mesmo crime.

6.6.1 Teoria do etiquetamento ou interacionismo simbólico

As correntes criminológicas emergentes no início do século XX se preocupavam com crimes que geravam respostas do Estado. No entanto, uma nova corrente, integrada por Edwin M. Lemert (1912-1996) e Howard S. Becker (1928-), entre outros, mudou o foco do entendimento sobre a criminalidade em 180 graus ao passar a conceber que o controle social gera a criminalidade (Taylor; Walton; Young, 1973).

De acordo com essa teoria, não importa se várias pessoas praticam o crime ou o ato desviante, mas se esse ato será rotulado como desviante ou criminoso (Taylor; Walton; Young, 1973). Esse é um dos motivos que deram a essa concepção o nome de *teoria da reação social* (também conhecida como *interacionismo simbólico* ou *teoria do etiquetamento*). O fato de alguém ser considerado criminoso ou não depende da maneira como a sociedade reage ao seu ato. Partamos, por exemplo, da premissa de que se Francine mata Cecília, mas a sociedade não reage a esse delito; nesse caso, a sociedade deixa de criminalizá-la e de responsabilizá-la pelo seu ato. Ao não ser rotulada como criminosa, para a sociedade e para a teoria da rotulação, Francine não é criminosa. Afinal, Francine não será tratada como criminosa, não receberá pena, não será responsabilizada pelo seu ato, não terá a etiqueta social e jurídica do crime.

Outro postulado da teoria do etiquetamento é que a reação social ao delito gera, no sujeito, o estímulo para praticar outros delitos (Taylor; Walton; Young, 1973). Assim, surgiria na pessoa a imagem negativa que a levaria ao desvio (Taylor; Walton; Young, 1973)*.

---

* O citado autor atribui a Kai Erikson a imagem pessoal negativa e a Lemert a reorganização pessoal do eu.

> **Preste atenção!**
>
> A ideia de reação social também foi tratada por Merton (que não pertence a essa linha de pensamento, conforme vimos anteriormente) mediante a ideia de **profecia que se autocumpre**. Se alguém recebe o rótulo de *matador*, passa a zelar por essa reputação. Nesse ponto, voltamos à ideia da sensação de importância que todos querem ter no meio social conforme demonstramos quando apresentamos o pragmatismo.*

O terceiro aspecto que estudaremos no interacionismo simbólico, mencionado por Taylor, Walton e Young (1973), sustenta que as agências de controle – Judiciário e Ministério Público, por exemplo – criam a criminalidade. Becker (2008, p. 27) expressa assim o pensamento dessa importante corrente:

> *Se tomamos como objeto de nossa atenção o comportamento que vem a ser rotulado de desviante, devemos reconhecer que não podemos saber se um dado ato será categorizado como desviante até que a reação dos outros tenha ocorrido. Desvio não é uma qualidade que reside no próprio comportamento, mas na interação entre a pessoa que comete um ato e aquelas que reagem a ele.*

No entanto, alguns criminólogos adotaram a postura de diversos pensadores da área como se fosse uma teoria completa do etiquetamento, o que não é correto, porquanto o interacionismo não trabalhou sistematicamente com as variadas causas da criminalidade, os danos individuais e sociais que

---

* Sugerimos que você reflita sobre as ponderações que fizemos algumas páginas atrás a respeito da contribuição de Dale Carnegie para o assunto.

o crime causa e os motivos do comportamento desviante de uns, mas não de outros, em situações similares, por exemplo. Conforme ensina Becker (2008, p. 182), um importante autor interacionista:

> *A teoria da rotulação, portanto, nem é uma teoria, como todas as realizações e obrigações que o título implica, nem está tão exclusivamente centrada no ato da rotulação como alguns pensaram. [...] Movido por meu desagrado pelo rótulo convencional dado à teoria, vou me referir a ela, daqui em diante, como uma teoria interacionista do desvio.*

A constatação de que o enfoque do etiquetamento não é teoria parte do próprio Lemert, o qual afirma que

> *Interação não é uma teoria absolutamente explicativa. Ela não é nada mais do que o estabelecimento de uma investigação nos dizendo que a análise dinâmica deve complementar a análise estrutural, e é melhor compreendida como uma reação às explicações metafísicas do comportamento humano correntes nos escritores do século XIX.* (Taylor; Walton; Young, 1973, p. 159, tradução nossa)*

Você sabe quais são as causas do delito? Ao não abordar as inúmeras possibilidades do delito provenientes de causas "poligenéticas", que podem ser "sociais, culturais, psicológicas e fisiológicas, os interacionistas perderam o rumo das causas originais do delito" (Taylor; Walton; Young, 1973, p. 159, tradução nossa).

---

* No original: "Interaction is not a theory or explanation at all. It does little more than set down a condition of inquiry, telling us that dynamic analysis must supplement structural analysis, and is best understood as a necessary reaction to the metaphysical explanations of human behaviour current among nineteenth century writers".

O **interacionismo simbólico**, enfoque da rotulação, engloba uma gama de autores cuja ótica é de que a **lei é a fonte do delito** (Castro, 1983). Esse aspecto é bastante importante. Quando elaboramos o estudo dos estigmas não deixamos de considerar a necessidade de defesa dos bens jurídicos, isto é, o estabelecimento de condutas realmente graves como crimes. O que sustentamos é que todas as pessoas, estigmatizadas ou não, devem receber tratamento igualitário no sistema penal e na sociedade de forma geral.

De forma geral, procuramos estudar conceitos gerais e sistêmicos relacionados aos estigmas com vistas à aplicação em casos concretos. Aliás, uma das mais importantes estudiosas do tema, Lola Aniyar de Castro (1983, p. 101), refere-se assim aos integrantes da corrente da reação social: "Os interacionistas, no que têm, como veremos, uma marcada tendência psicossocial, insistiram mais nos efeitos do etiquetamento do que na criação da etiqueta".

Importante!

A teoria do etiquetamento é criticada por não explicar o comportamento desviante. Ao determinar que a sociedade reage a esse comportamento, gerando mais desvio, ela não aponta por que houve o desvio inicial. Apesar da reação social, alguns indivíduos permanecem no desvio, ao passo que outros não prosseguem na carreira criminosa (Taylor; Walton; Young, 1973). Essa teoria também não explica por que a sociedade rotula algumas pessoas, mas outras não.

Nesse ponto, é necessário apontar a **diferença entre rotulação e reação social**. Muitas vezes, a reação social é legítima; por exemplo, após a prática de um latrocínio ocorre a investigação, a ação penal, a condenação e a aplicação de pena. Então, aplicar uma pena é legítimo, mas etiquetar não. Taylor, Walton e Young (1973) acertam ao comentar que o desvio ou o crime pode ocorrer tanto em decorrência de uma reação social quanto por motivos cuja origem não tem relação com a reação social. Podemos complementar esse comentário com a observação de que, em muitos casos, é tão complexo encontrar um motivo para o crime que se pode afirmar que se trata de um **crime sem motivação**. Inobstante, a sociedade não pode esperar a ciência encontrar a solução ou explicação de tudo, para só então agir em proteção dos bens jurídicos.

Entretanto, não podemos desconsiderar a expressiva contribuição do etiquetamento para compreender melhor alguns problemas sociais. Ao desenvolver um estudo sobre os estigmas como metarregras negativas, apontamos a questão do **estigmatizado com ele mesmo** como uma dificuldade desse indivíduo em lidar com o estigma – por vezes sem perceber que está sendo vitimizado pelo estigma, por vezes sequer percebendo que está em uma situação de estigmatização (Bacila, 2015b). Afinal, é muito difícil se engajar e lutar contra a própria estigmatização.

Outro problema é o sujeito dedicar-se exclusivamente ao combate do estigma do qual é vítima, sem perceber que o processo é geral e, por isso mesmo, que se deve lutar contra qualquer tipo de estigmatização. Nessa área, a contribuição do etiquetamento ocorre na explicação de uma das hipóteses de perpetração do estigma.

Quando Lemert trata do **desvio secundário**, isto é, da reprodução do desvio causado pela rotulação e reação social, ele explica muitos casos de pessoas que assumem o estigma e permanecem na atividade estigmatizada como forma de conformismo. Lemert cita o exemplo da mulher que exerce atos de prostituição e que, ao ser rotulada como prostituta, procura refúgio na própria prostituição. De fato, isso pode explicar alguns casos de repetição de comportamento (Taylor; Walton; Young, 1973). Contudo, boa parte dos estigmas não se trata de comportamento desviante, como é o caso da raça ou do fato de nascer mulher ou com alguma deficiência física. Por outro lado, não se trata de confirmação do estigma se, por exemplo, uma mulher adulta decidir iniciar a prática do comércio sexual de seu corpo.

A contribuição do enfoque do etiquetamento é inegável; basta atentarmos para os estudos de casos e para a valorização da resposta social ao ato. Não podemos negar a importância das consequências da reação social na esfera social, tampouco a relevância do estudo dos motivos que levam a essa reação. De nossa parte, definimos os estigmas como **metarregras negativas**, conforme demonstraremos mais detalhadamente adiante.

> ### Para saber mais
>
> Você pode encontrar uma análise interessante de pessoas ou grupos usualmente discriminados na sociedade no livro indicado a seguir, que se constitui em um dos clássicos do interacionismo simbólico.
>
> BECKER, H. S. **Outsiders**: estudos de sociologia do desvio. Tradução de Maria Luiza X. de A. Borges. Rio de Janeiro: J. Zahar, 2008.

6.6.2 Antipsiquiatria

Coerente com o enfoque do etiquetamento, foram realizados estudos também na área que contempla o conceito social de *doença mental*. Lembremos que, até a primeira metade do século XX, as pessoas com indicativo de problemas mentais sofriam um tratamento agressivo, duro e estigmatizador. Depressão, fobias ou qualquer outro distúrbio eram tratados com choques, lobotomias ou internações compulsórias em lugares funestos. Muitas pessoas ficaram trancadas durante anos, por vezes até o final de suas vidas, sem nenhuma perspectiva de reencontrar a liberdade.

Embora a maioria dos indivíduos com alguma doença mental não tenha causado o problema de forma voluntária, ainda hoje ela é tratada com preconceito. Se alguém que pratica um delito tem algum tipo de transtorno mental, o estigma leva a afirmar que o *motivo* do delito foi a loucura, quando, na verdade, há milhões de pessoas com doenças mentais que não praticam delitos. Imagine você ter de lidar com uma doença mental própria ou de um familiar e ainda ter de enfrentar o problema do estigma, que gera tratamento diferenciado e, consequentemente, leva à perda da qualidade de vida.

Um dos cientistas relacionados ao **movimento de antipsiquiatria** que questionou os métodos e a própria rotulação das pessoas como *loucas* foi Erving Goffman (1922-1982). Ele fez uma intensa pesquisa em vários estabelecimentos psiquiátricos. Em 1956, passou o ano pesquisando a vida de 7.000 internados no Hospital St. Elizabeths, localizado em Washington, nos Estados Unidos (Goffman, 1999). Depois de muitas pesquisas, o autor concluiu que aqueles sujeitos confinados gostavam de namorar, ir ao cinema, ganhar dinheiro, jogar, enfim, eram exatamente iguais às pessoas que estavam do lado de fora.

Um aspecto interessante em sua obra é a denominação de manicômios, prisões, conventos, quartéis e similares como *instituições "totais"*, porque nelas se controla, durante 24 horas por dia, o comportamento das pessoas, desde a maneira de se vestir até pequenos detalhes, como objetos pessoais.

Goffman sempre impressionou pelas conclusões precisas, tanto que voltaremos a retomar sua teoria adiante. Por hora, compartilhamos com você a seguinte citação do cientista sobre as pessoas que apresentam transtornos mentais, a qual comprova o respeito e a admiração que devemos ter por ele:

> *Acreditava, e continuo a acreditar, que qualquer grupo de pessoas – prisioneiros, primitivos, pilotos ou pacientes – desenvolve uma vida própria que se torna significativa, razoável, e normal, desde que você se aproxime dela, e que uma boa forma de conhecer qualquer desses mundos é submeter-se à companhia de seus participantes, de acordo com as pequenas conjunturas a que estão sujeitos.* (Goffman, 1999, p. 8)

Esse raciocínio serve para conhecermos todas as pessoas ou grupos estigmatizados, para aprendermos a conviver com seus pequenos espaços e dramas. Desse modo, passamos a ver no outro uma possibilidade de estarmos ali também.

6.7 Novas etiologias: o mito do DNA criminoso e o determinismo da psicologia freudiana

Inobstante os dissabores com as tentativas lombrosianas de apontar um criminoso desde o nascimento, estudos atuais tentaram identificar em diferenças cromossômicas (como XYY) condutas propensas à prática do crime. Os dados não foram conclusivos, mas, infelizmente, levaram à propagação de alguns mitos populares (Bacila, 2017). Conforme bem assinalam Muñoz Conde e Hassemer (2008, p. 28), após as ideias desastrosas de Lombroso, não ocorreu o

> *abandono de outras teses biológicas que, apesar de não pretenderem a validez absoluta como as formulações da teoria de Lombroso, ao menos com certo valor predicativo consideram que alguns dados biológicos do ser humano em níveis genéticos, cromossômicos, endócrinos, neurofisiológicos, bioquímicos etc. predispõem a realização de certas condutas e, portanto, também a comissão de delitos. [...] Contudo, estes conhecimentos não levaram, até o momento, a nenhum dado conclusivo que permita atribuir as causas da criminalidade a determinados fatores biológicos do ser humano [...].*

No âmbito da psicanálise freudiana, outros mitos se desenvolveram. Milhões de pessoas sofrem violências físicas ou psíquicas durante a infância e, provavelmente, sofrerão consequências disso no futuro, como doenças físicas, depressões ou simples aborrecimentos pessoais. Mas isso não é uma regra. Quando alguém pratica um crime grave e se descobre que teve algum problema significativo na infância, é inevitável a ligação entre uma coisa e outra. É possível que as pessoas sejam influenciadas por acontecimentos pretéritos, como o relacionamento com os pais e as dificuldades da infância, contudo, as conexões não conseguem explicar por que milhões de outras pessoas que tiveram problemas similares não aderiram à atividade criminosa ou por que sujeitos que não sofreram traumas na infância praticam crimes.

> **Para saber mais**
>
> Para complementar seus estudos de criminologia em consonância com a política criminal, leia os livros indicados a seguir.
>
> BACILA, C. R. **Introdução ao direito penal e à criminologia**. Curitiba: InterSaberes, 2017.
>
> CASTRO, L. A. de. **Criminologia da reação social**. Tradução de Ester Kosovski. Rio de Janeiro: Forense, 1983.

Síntese

Neste capítulo, esclarecemos que há várias abordagens do crime e explicamos algumas delas. A primeira corrente que apresentamos foi o behaviorismo, que se pauta no condicionamento do reflexo. Em seguida, demonstramos que o pragmatismo é uma ciência que pode contribuir para a diminuição da criminalidade, especialmente sob a ótica adaptada do cientista pragmático Dale Carnegie. Também indicamos que a microfísica do poder fornece uma visão muito útil sobre um aspecto que pode transformar o exercício do poder no âmbito penal. Além disso, evidenciamos que a ideia das subculturas reforça a importância de grupos que compartilham desígnios e regras de linguagem.

Para complementar nossa análise, examinamos por que a ressocialização é um conceito muito genérico, que pode ser aplicado como uma proposta para todos, mas não como função exclusiva da pena. Ressaltamos que todas as abordagens podem colaborar para o tema, desde que vistas com equilíbrio e sem a intenção de virar uma "fórmula mágica para todos os casos".

Na sequência, demonstramos que o interacionismo simbólico contribuiu ao observar o quanto a sociedade pode fomentar o delito, dependendo da maneira como reage ao crime ou rotula as pessoas. Não se trata de uma fórmula para explicar de maneira sistemática os mecanismos que levam alguém a delinquir ou, até mesmo, a etiquetar pessoas, mas sim de fatores que podem contribuir com o delito, fazer com que seja reiterado ou, eventualmente, originá-lo.

Por fim, apresentamos algumas etiologias individuais, isto é, correntes que pretendem explicar a relação entre causa e efeito do crime. Segundo essas especulações, poderiam existir traumas de infância ou fatores genéticos que seriam causadores do delito. No entanto, essas abordagens carecem de comprovação científica, o que invalida seus argumentos.

Questões para revisão

1) Sobre as teorias da subcultura, é **incorreto** afirmar:
   a. São exemplos de subcultura as comunidades *punks*.
   b. Os estudos sobre subcultura foram efetuados exclusivamente por Albert Cohen em 1955.
   c. Dale Carnegie não estudou especificamente esse tema, mas ressaltou o quanto é importante a valorização do indivíduo na sociedade.
   d. A pessoa estigmatizada na sociedade encontra valorização entre seus pares (subcultura).

2) É possível afirmar que a distinção entre a ideia de subcultura ligada ao crime de Merton e de Cohen reside no(s) seguinte(s) aspecto(s):
   a. Treinamento e vontade de vencer.
   b. Utilizar meios lícitos para fins sociais e metas alternativas.
   c. Utilizar meios ilícitos para metas sociais e metas alternativas.
   d. Meios ilícitos e meios lícitos.

3) É possível considerar como contribuições primordiais da antipsiquiatria, representada, entre outros, por Erving Goffman, os seguintes aspectos:
   a. As pessoas com deficiência mental apresentam características semelhantes aos considerados "normais".
   b. Pessoas com deficiência mental apresentam mais propensão à prática de crimes do que as pessoas "normais".
   c. Pessoas com deficiência mental praticam menos crimes do que as pessoas ditas "normais".
   d. A confirmação das teses medievais de que os loucos têm problemas espirituais.

4) Comente uma ideia do pragmatismo que pode ser aplicada para diminuir a criminalidade.

5) Por que a expressão "teoria do etiquetamento" não é adequada para se referir ao interacionismo simbólico?

Questões para reflexão

1) Leia o texto a seguir.

> Cohen estudou diversas gangues de delinquentes juvenis e concluiu que seus integrantes se mantinham coesos por valores e crenças próprios, que se geravam pelo trato entre jovens situados em circunstâncias similares. A diferença entre criminosos e não criminosos radica no grau de exposição a uma subcultura criminal. A subcultura soluciona, afirmava, problemas de adaptação que não resolve a cultura dominante. A noção foi muito empregada, permitindo romper com a ideia da sociedade monolítica e a homogeneidade dos valores na coexistência social. Os subculturalistas introduziram-se nos grupos sociais que estudavam e realizaram exaustivas observações, negando que os marginais atuem por anomia. Não carecem de normas, dizem, mas, em vez disso, têm *normas próprias*, pelo que se deve interpretá-los como parâmetros normativos diferentes dos do resto da sociedade.

Fonte: Elbert, 2003, p. 134.

   a. De acordo com o texto, a pesquisa de campo é importante? A ideia de *anomia* de Merton foi confirmada na prática?
   b. O reconhecimento social do indivíduo é fundamental para seu bem-estar? Por quê?

2) Leia o texto a seguir.

> Todos os grupos sociais fazem regras e tentam, por vezes e sob certas circunstâncias, forçá-las ao cumprimento. Regras sociais definem situações e espécies de comportamento apropriados para elas, especificando algumas situações como "certas" e outras como "erradas". Quando uma regra é imposta, a pessoa que se supõe tê-la violado pode ser vista como alguém em quem não se pode confiar para viver sob as regras pactuadas pelo grupo. Ela é vista como um estranho (*outsider*). Contudo, o sujeito que é assim rotulado pode ter outro ponto de vista sobre isso. Ele pode não aceitar as regras pelas quais está sendo julgado e pode não ver aqueles que o julgam também como competentes ou nomeados legitimamente para tanto. Portanto, um segundo significado surge: o violador pode sentir que seus julgadores são estranhos (*outsiders*).

Fonte: Becker, 1973, p. 1-2, tradução nossa.*

a. É possível concluir que todas as pessoas etiquetadas como desviantes das normas se sentem erradas?
b. As regras legais representam o pensamento de todos?
c. É importante analisar o ponto de vista do outro?

---

* No original: "All social groups make rules and attempt, at some times and under some circumstances, to enforce them. Social rules define situations and the kinds of behaviour appropriate to them, specifying some actions as "right" and forbidding others as "wrong". When a rule is enforced, the person who is supposed to have broken it may be seen as a special kind of person, one who cannot be trusted to live by rules agreed on by the group. He is regarded as an *outsider*. But the person who is thus labelled an outsider may have a different view of the matter. He may not accept the rule by which he is being judged an may not regard those who judge him as either competent or legitimately entitled to do so. Hence, a second meaning of the term emerges: the rule breaker may feel his judges are *outsiders*".

3) Leia o texto a seguir.

O inconsciente contém as "nossas forças instintivas e as nossas vivências recalcadas", devidas em grande parte a experiências traumáticas da primeira infância, algumas das quais podem ter sido vividas conscientemente, enquanto outras se desenrolaram na sombra do inconsciente. Isto significa que, nos nossos pensamentos, emoções e ações, somos comandados por forças em grande parte ocultas, que só podem ser chamadas à consciência, quando muito, através de uma técnica especial, a psicanálise.

Fonte: Mannheim, 1984, p. 450.

a. Aponte expressões que demonstrem a dificuldade de identificação de fatores psíquicos causais do crime.
b. Por que não se pode concluir que traumas na infância são os "causadores" do delito?

VII

Conteúdos do capítulo:

» Evolução histórica do protagonismo da vítima na esfera penal.
» O importante papel da vítima na análise do delito e da pena.
» Visões teóricas sobre a vitimologia.
» Sistema brasileiro e o papel da vítima.
» Vítima como a pessoa que pode colocar-se em vulnerabilidade, e não como a "causadora" do delito.

Após o estudo deste capítulo, você será capaz de:

1. reconhecer o papel da vítima na história da humanidade;
2. constatar que a vítima pode e deve ter um papel importante nos institutos penais e na visão relacionada ao crime;
3. avaliar a necessidade de políticas criminais de proteção a todos.

Vitimologia

Até agora, verificamos o quanto a criminologia ocupou-se do autor do crime, tanto no que se refere à sua responsabilidade diante do delito praticado quanto no que diz respeito à detecção dos motivos que o levam a praticar o crime. Esse relevante debate acabou, em grande parte, iconizando o autor do crime, fazendo-o parecer intocável e, até mesmo, um desviante rebelde a ser aplaudido. Certamente, essa última visão é deturpada e não demonstra preocupação com a sociedade como um todo, visto que iguala aqueles que se esforçam para cumprir as leis e contribuir com o coletivo àqueles que somente querem usurpar e destruir o que foi construído.

Somente a correção dos desvios mencionados não é suficiente. É fundamental inserirmos a vítima nesse discurso, trazer-lhe diante das discussões, muitas vezes, frias ou apaixonadamente diletantes, as quais permanecem distantes dos choros e lamentos de vítimas e entes queridos. Da mesma forma, não podemos deixar de calcular os prejuízos reais à saúde, à segurança, à educação, ao meio ambiente, entre outras esferas, gerados por crimes contra a Administração Pública ou outros delitos, cujo sujeito passivo é a coletividade.

A seguir, faremos uma exposição da história do protagonismo da vítima na questão penal, tendo em vista as perspectivas legais e institucionais que o tema merece.

7.1   Protagonismo da vítima

A vitimologia é um ramo que tem sido pouco abordado na criminologia, apesar de ter importância vital no sistema penal e no que se refere aos direitos humanos.

Antigamente, os povos primitivos costumavam sacrificar um animal para acalmar a ira dos deuses. O ato da oferenda foi designado como *hóstia*, ao passo que o animal sacrificado para agradecer as graças foi nomeado *victima* (Oliveira, 2003)*.

A vitimologia como proposta de estudo surgiu em uma palestra de Benjamín Mendelsohn (1900-1998), proferida em 1947 na Universidade de Bucareste, na Romênia. Na época, o autor utilizou essa nomenclatura para designar as milhões de vítimas que pereceram nos campos de concentração nazistas (Oliveira, 2003).

Na história criminal, a vítima teve maior relevância na primeira forma de resposta ao crime, que foi a **vingança privada individual**. Analisaremos esse tema mais adiante, mas gostaríamos de ressaltar antes que, nos tempos primitivos, quando alguém sofria um ataque injusto e reagia à sua maneira (vingança privada individual), a vítima era o referencial fundamental. Mesmo a Lei de Talião e a composição** tinham a vítima como referencial. Ainda assim, nesse sistema jurídico dos povos antigos, os estigmas já determinavam que os ricos tivessem o máximo de garantia e que os pobres sofressem as piores consequências. Por exemplo, de acordo com o Código de Hamurabi, na Babilônia, se uma pessoa rica tivesse seus bens subtraídos, era a própria comunidade que assegurava a indenização da vítima (Bacila, 2015b).

A vítima, entretanto, teve menor reconhecimento na Idade Média, mais especificamente durante o Absolutismo ou Estado absoluto. Isso ocorreu com o decréscimo do feudalismo e com

---

* *Hóstia* e *victima* são expressões oriundas do latim.
** O talião consistia na resposta proporcional ao crime praticado. A composição era uma forma de indenizar a vítima. Esse método tinha o objetivo de evitar o talião para o infrator rico. Analisaremos esse sistema mais detalhadamente adiante.

a centralização do poder na figura do monarca. Nesse período, até as multas motivadas por crimes passaram a ser devidas ao Estado, mas não como forma de indenização à vítima. Esta foi expropriada do conflito a ponto de perder sua relevância.

No Brasil, até recentemente, a pena de multa direcionada aos cofres da União era a principal e única opção de sanção penal pecuniária. Há poucos anos, uma alteração no art. 45, parágrafo primeiro, do Código Penal incluiu a **prestação pecuniária**, que também pode beneficiar a vítima* (Brasil, 1940). Essa alteração coincide com uma lenta revalorização da vítima no sistema penal.

A pouca relevância da vítima na criminologia de nosso país parece estar relacionada a um problema que já observamos anteriormente: a afirmação de ideologias e, consequentemente, o esquecimento da questão criminal em si.

Temos de levar em consideração que a vítima não é um ente abstrato e distante, ainda que a sistemática estrutural do direito penal refira-se a bens jurídicos relacionados a bens abstratos, e não a uma vítima específica. A discussão sobre **bem jurídico** é recente, tendo-se destacado no século XIX.

O contratualismo iluminista, sob uma visão kantiana e sustentada por Paul Johann Anselm Ritter Von Feuerbach

---

* Dispositivo alterado pela Lei n. 9.714/1998.

(1775-1833)*, retomou a importância da vítima ofuscada pelo Estado absoluto, de modo que o crime passou a ser compreendido como uma lesão do contrato social, a qual atinge o direito subjetivo da vítima e, consequentemente, afeta a ordem jurídica como um todo.

É bastante interessante essa ótica que vislumbra o fato de o delito quebrar um contrato entre o cidadão e o Estado. Isso porque, no contratualismo, sustenta-se que o cidadão abre mão de parte de sua liberdade em prol de um bem comum. Em tese, se ao adquirir poder o Estado não garante a segurança do cidadão, que se transforma em vítima ao ser acometido por um delito, isso expõe completamente a debilidade do Estado no compromisso estatal. Por isso, Albin Eser (1935-)** afirma que essa é a melhor perspectiva sob o enfoque da vítima (Eser, 1998)***.

Se pensarmos na situação desesperadora vivida pela população brasileira nos dias de hoje, com crimes de todas as espécies ceifando vidas e outros bens, constatamos que, tendo em vista a concepção iluminista, o Estado não está cumprindo, sequer minimamente, sua parte contratual. Com a criminalidade atingindo proporções alarmantes e o crescimento da vitimização das pessoas, é necessário indagar as funções básicas

---

* Feuerbach foi um dos consolidadores do princípio da legalidade.
  Escreveu, em seu tratado de direito penal, em 1801, a fórmula em latim *nullum crimen nulla poena sine lege* ("não há crime nem pena sem lei prévia"). Tinha uma visão particular sobre a função da pena, descrita por Bockelmann e Volk (2007, p. 8) da seguinte forma: "A expressão mais importante da teoria da prevenção geral encontra-se na teoria de Feuerbach da coação psicológica a ser exercida pela ameaça punitiva. Ela é derivada da antropologia racional do Iluminismo, que concebia o homem como um ser cuja conduta seria determinada exclusivamente por decisões racionalmente calculadas".
** Nascido em 1935, Albin Eser é um jurista alemão que foi juiz do Tribunal Criminal Internacional da antiga Iugoslávia.
*** Veja também Bacila e Rangel (2015, p. 73-74).

do Estado. Um dos compromissos estatais é a garantia de paz pública e um mínimo de segurança nas relações sociais, assegurando-se às pessoas o direito de ir e vir em paz. O contrário, isto é, um índice preocupante de criminalidade nas ruas, gera a violação dos direitos humanos e a perda da qualidade de vida dos cidadãos que sustentam a atividade estatal e se submetem aos deveres civis que lhes são cobrados. Portanto, a falta de contraprestação do Estado gera uma **inadimplência unilateral** se pensarmos do ponto de vista contratualista, o que não é desprezível.

Sem embargo, o crime, conforme a doutrina penal atual, foi compreendido por Birnbaum* como lesão a um bem, não mais a um direito subjetivo. Mais especificamente, o crime seria colocar em perigo ou lesionar um bem jurídico garantido pelo poder estatal (Maurach; Zipf, 1994). O conceito de *bem jurídico* surgiu com base nesse entendimento e na expressão utilizada por Binding** de *categoria central das normas* (Maurach; Zipf, 1994). A diferença é que a tutela penal passou a abranger não somente pessoas, mas também coisas. Por isso, é possível afirmar que

> *ocorre uma crescente desindividualização da ideia de bem jurídico, a ponto de apontar-se que, quando se diz que o bem jurídico tutelado no tipo de homicídio é a vida humana, refere-se à vida humana em geral como matéria da proteção jurídica, mas não à vida do indivíduo afetado. Destarte, a lesão individual também está contida no conceito geral de bem jurídico.* (Bacila; Rangel, 2015, p. 74)

---

* Johann Michael Franz Birnbaum foi um doutrinador alemão que, em 1834, escreveu a obra *Über das Erforderniseiner Rechtverletzung zum Begriffedes Verbrechens*.

** Karl Binding (1890) foi um autor alemão que escreveu sobre a teoria das normas.

Portanto, embora haja abstração maior no que se refere à vítima, evidentemente esse conceito não diminui a necessidade de proteção estatal do bem jurídico. Ao contrário, ampliou-se tal proteção para direitos amplos e difusos, como é o caso do meio ambiente. E o mais importante: a vítima continua com seu pleno direito à proteção de bens como sua vida, sua liberdade, sua liberdade sexual e seu patrimônio pessoal (por mais singelo que seja). Essa nova concepção reafirma a necessidade de valorização, respeito e proteção da vítima.

> **Para saber mais**
>
> Para saber mais sobre a história do crime e das penas, leia a seguinte obra, que faz a releitura dos sistemas penais sob a ótica dos estigmas, desde os tempos mais remotos até a atualidade, e fornece também um panorama geral sobre os preconceitos, trazendo conceitos novos.
> BACILA, C. R. **Criminologia e estigmas**: um estudo sobre os preconceitos. 4. ed. São Paulo: Gen-Atlas, 2015.

7.2 Tutela jurídica

Um tema importante na vitimologia é a redução dos riscos e malefícios causados pelo delito. Isso porque existem mecanismos no Código Penal que procuram favorecer a situação da vítima sob alguns aspectos. A **desistência voluntária** e o **arrependimento eficaz**, por exemplo, consistem em institutos que valorizam o fato de o autor não prosseguir no crime ou na atuação dele para salvar a vítima logo após a agressão, respectivamente. Nos casos em que a vítima é salva pelo próprio autor, os referidos institutos apresentam expressivo tratamento de política criminal no art. 15 do Código Penal, ao diminuírem a pena do autor. Por exemplo, o criminoso que dá um tiro na vítima para matá-la, mas a leva posteriormente ao hospital e, por isso, garante que ela seja salva, receberá uma pena por lesão corporal consumada (arrependimento eficaz de tentativa de homicídio), ou seja, a pena será mais branda do que a de tentativa de homicídio.

Outro instituto previsto é o **arrependimento posterior**. Em crimes cometidos sem violência ou grave ameaça, a restituição voluntária, por parte do autor, do valor ou do bem antes do início da ação penal diminuem a pena de um a dois terços, conforme previsto no art. 16 do Código Penal.*

Existem outras previsões relacionadas às vítimas no Código Penal que podem aumentar a pena – por exemplo, se o delito for praticado contra criança, idoso, enfermo ou mulher grávida (art. 61, inciso II, alínea "h", do Código Penal); ou diminuí-la, no caso de o autor tentar minorar o dano causado à vítima (art. 65, inciso II, alínea "b", do Código Penal).

Outro direito reconhecido da vítima é o exercício da **ação penal privada ou queixa do crime**. A exemplo do que ocorre em vários outros países, trata-se do papel ocupado pela vítima em crimes de menor potencial ofensivo, como é o caso dos crimes de calúnia, difamação e injúria em suas formas comuns previstas nos art. 138, 139 e 140 do Código Penal, respectivamente. Outra possibilidade é a condição de representação da vítima em alguns crimes, como ocorria em casos contra a liberdade sexual, como estupro, violação sexual mediante fraude e assédio sexual, previstos nos art. 213, 215, 216-A do

---

* Sobre esse tema, veja Bacila (2017, p. 35-37).

Código Penal. A Lei n. 13.718, de 24 de setembro de 2018 (Brasil, 2018), tornou-os crimes de ação penal pública incondicionada. Possibilidades como essas de exercício de ação privada no processo penal poderiam aparentar poder para a vítima, mas, como bem constatou Albin Eser (2001), trata-se de um engano. Na realidade, a vítima tem dificuldades econômicas ou práticas de acompanhar a ação e apurar provas (Eser, 2001). Por isso, parece correta a reforma da Lei n. 13.718/2018, que obriga o Estado a intervir nos crimes sexuais, independentemente da vontade da vítima.

Outro problema relacionado à vítima é a **reparação do dano** causado por qualquer espécie de crime. Inicialmente cabe indagar se esse tema é de direito penal ou direito civil. Claus Roxin* procura vincular o tema à teoria dos fins da pena. Logo, com razão, ele entende que a reparação do dano causado à vítima deve estar incluída como consequência da pena, sendo uma forma de auxiliar a prevenção do delito. Sobre esse aspecto, o penalista Hirsch (2002, p. 147, tradução nossa) esclarece o seguinte: "A função de satisfação da pena concreta para a generalidade consiste na confiança, na conservação do ordenamento jurídico, resultante de um castigo justo. Com respeito à vítima, trata-se da satisfação obtida com o justo castigo do autor"**. A satisfação da vítima com uma condenação do autor justa e em tempo razoável é muitíssimo importante e deveria ser

---

*   Claus Roxin é ex-professor da Universidade de Munique, na Alemanha, e é um dos maiores penalistas da atualidade. Comentamos sua obra e contribuições para o direito penal em várias passagens do livro *Teoria da imputação objetiva no direito penal* (Bacila, 2011).
** No original: "La función de satisfacción de la pena concreta para la generalidad consiste en la confianza en la conservación del ordenamiento jurídico, resultante de un castigo justo. Con respecto a la víctima, se trata de la satisfacción obtenida con el justo castigo del autor".

objeto da meta processual penal. Evidentemente, a inclusão da quantia de indenização na sanção é razoável para aquele que sofreu as consequências de um delito.

Sem embargo, o art. 91, inciso I, do Código Penal estabelece como efeito da condenação "tornar certa a obrigação de reparar o dano causado pelo crime" (Brasil, 1940). Em outras palavras, se, por exemplo, Alfonso pratica lesões corporais dolosas graves em Cecília, quebrando-lhe o braço e impedindo-a de trabalhar no restaurante que atua como atendente, é evidente que, além das despesas médicas, é cabível a indenização sobre os lucros cessantes da atividade autônoma exercida por Cecília. A indenização por danos morais também é pertinente.

Todos os danos materiais e subjetivos provocados pelo crime são indenizáveis. Decidido que houve crime, temos de considerar que a indenização não mais pode ser negada pelo Direito Civil. Resta-nos saber o quanto se deve indenizar. O Código de Processo Penal determina, em seu art. 387, inciso IV, que, ao proferir a sentença condenatória, o juiz "fixará valor mínimo para reparação dos danos causados pela infração, considerando os prejuízos sofridos pelo ofendido" (Brasil, 1941). Esse valor deve, evidentemente, estar disposto nos autos, e o juiz deve ter colhido o máximo de informações sobre o crime, tal como o valor das despesas hospitalares da vítima e as consequências que a ela decorreram (deixou de trabalhar no restaurante por mais de um mês, por exemplo). Na prática, as sentenças proferidas não têm indicado o valor mínimo da indenização, o que demonstra, mais uma vez, a invisibilidade da vítima no sistema.

Podemos considerar que, ocorrido o dano em decorrência do crime, deveria ser exigido e acompanhado efetivamente pelo Estado o pagamento da indenização mínima por parte do autor do delito, conforme previsto na lei processual penal.

O ressarcimento à vítima é um direito fundamental decorrente do crime praticado, e não evitado pelo Estado; logo, a falha deste em proteger a vítima de um ato que constituiu crime deveria ser plena e obrigatoriamente acompanhada por ele, com um membro do Ministério Público atuando *ex officio* para referido propósito. Isso deveria ser previsto na legislação.

Com efeito, muitas consequências decorrem do dever de indenizar a vítima. Por exemplo, o valor obtido pelo trabalho do preso deve ser revertido para a vítima conforme o valor previsto da indenização, e o Estado deve fazer o acompanhamento disso de forma bem próxima. Observe que a Lei de Execução Penal (Brasil, 1984)* estabelece, em seu art. 23, inciso VII, o dever de a assistência social orientar e amparar a vítima; e no art. 39, inciso VII, o dever do condenado de indenizar a vítima ou seus sucessores.

Julio Maier (2001), grande defensor das garantias dos acusados no processo, também faz excelentes observações no que se refere às vítimas. Para ele, não é irracional restabelecer o *status* que a vítima tinha antes do delito (Maier, 2001). O autor preconiza que a vítima, ao ter reconhecida sua vontade, deve acompanhar o procedimento criminal, sendo sempre intimada nos atos mais importantes do processo penal. Deve também ser ouvida antes de o juiz tomar algumas decisões importantes. Agindo-se assim, a vítima deixa de servir como mera informante processual e passa a ter um justo protagonismo (Maier, 2001). É necessário, pois, humanizarmos o processo penal. Maier (2001) acrescenta que a conciliação entre autor e vítima deve ter lugar em delitos leves e no âmbito da determinação da pena e, evidentemente, deve ser descartada no caso de crimes graves.

---

* Lei n. 7.210, de 11 de julho de 1984 (Brasil, 1984).

7.3 Situação brasileira

As previsões legais que visam favorecer a situação da vítima de crime são válidas e corretas, contudo, muito tímidas se considerarmos a realidade social da vítima no Brasil, que é catastrófica. Em primeiro lugar, porque a banalização do crime torna vulnerável todas as pessoas que vivem no país. O nível de assaltos com mortes, torturas ou outros constrangimentos causa um sofrimento antecipado nos indivíduos, que vivem amedrontados e se sentem ameaçados pelo simples fato de circularem nas ruas, nos clubes e até nas próprias casas.

Na atividade empresarial, os riscos dos negócios aumentam, empresários vão à falência por terem seus negócios afetados pela criminalidade violenta, e empregados perdem seus empregos. No âmbito dos crimes praticados contra a Administração Pública – já mencionado quando analisamos Sutherland e os crimes do colarinho branco –, os delitos afetam a vida real das pessoas, com decréscimo ou inferiorização: (a) do atendimento público de saúde; (b) da segurança pública; (c) da infraestrutura – qualidade das ruas de acesso à residência, das estradas etc.; (d) dos impostos para pagar obras e serviços superfaturados etc.

O estudo da vítima no Brasil é um campo aberto e pouco explorado. Desde o momento em que sofre o crime até o instante que chega à unidade policial para comunicar a ocorrência do delito (*notitia criminis*) ou mesmo quando acompanha o processo penal e, finalmente, obtém a reparação de dano, a vítima sofre dificuldades adicionais. Nesse sentido, podemos considerar a falta de um atendimento mais sensível à vítima por ausência de profissionais que lhe prestem apoio multiprofissional (assistente social, psicólogo etc.). Outro aspecto é o sofrimento da vítima e de seus familiares por serem privados da percepção do cumprimento da justiça em virtude da demora do processo, da prescrição do crime, da liberação precipitada de um criminoso perigoso ou da absolvição por deficiência na apuração probatória ou erro judicial etc.

Esse campo de estudo é vasto e convidativo para que professores e acadêmicos se envolvam em pesquisas de campo cruciais para favorecer as futuras políticas criminais da vítima. Evidentemente, uma criminologia que só trata do autor do crime – muitas vezes, com paternalismos "ressocializadores", desconsiderando a vítima direta ou indireta do delito – é incompleta e ignora o sentido amplo dos direitos humanos. Tendo em vista esse contexto, analisaremos, a seguir, os aspectos da denominada *contribuição da vítima para a prática do crime*.

Para saber mais

Estude o caso de Jacqueline Saburido, vítima de delito de trânsito sob a influência de álcool, para entender a importância de uma resposta penal eficiente em um caso de tamanha gravidade.

QUEM ERA Jacqui Saburido, símbolo da luta contra 'álcool e direção' após perder o rosto em acidente. **BBC Brasil**, 28 abr. 2019. Disponível em: <https://www.bbc.com/portuguese/geral-48085469>. Acesso em: 19 fev. 2020.

7.4 Contribuição da vítima para o crime

Na obra *Introdução ao direito penal e à criminologia*, afirmamos o seguinte:

> *Utilizar joias caras em regiões de risco (de furto, roubo etc.), caminhar com roupas sedutoras em áreas isoladas (estupro) ou ser irritante e intolerante com os outros (lesões corporais, homicídios) podem ser elementos que tornam as pessoas vulneráveis ao delito. Evidentemente que, de maneira alguma, essas "provocações" da vítima justificam o crime. Por outro lado, o crime pode ocorrer mesmo que a vítima seja completamente irrepreensível em sua conduta.* (Bacila, 2017, p. 37)

Analisemos juntos tais observações. A diminuição da pena em decorrência do comportamento reprovável da vítima é prevista no Código Penal. De acordo com o art. 59, que prevê os critérios para o estabelecimento da pena-base, o juiz deve ponderar o comportamento da vítima (bom ou ruim) e, se este for reprovável, pode diminuir o patamar da pena-base. O art. 65, inciso III, alínea "c", do Código Penal também prevê hipótese na qual a vítima praticou ato injusto contra o autor e este reagiu sob forte emoção. Nesse caso, a atenuante deve ser reconhecida para diminuição da pena.

Temos de pensar que as pessoas contribuem para a prática do delito de modo reprovável quando tentam aplicar golpes em golpistas mais espertos. É o caso de vítimas do golpe do bilhete premiado, em que a vítima tenta adquirir um bilhete supostamente premiado, pagando um preço inferior ao do bilhete porque o vendedor não tem documentos. Na verdade, o vendedor pratica estelionato contra a vítima, que também pensava em agir desonestamente. Ainda assim, é duvidoso afirmar que o comportamento da vítima deve influenciar na diminuição de pena do criminoso, uma vez que o autor do delito desde o início contou com a cobiça da vítima. Diante dessa realidade, compreendemos que nenhuma diminuição da pena deve ocorrer.

A hipótese de diminuição de pena mais evidente é a de casos em que a vítima pratica ofensas físicas ou verbais ao autor do delito.

O direito não protege o autor de crime, mas a criminologia estuda o comportamento da vítima sob diversas óticas. Por isso, não existe delito "causado" pela vítima pelo fato de ela ser vulnerável ao exercitar um direito seu. Uma mulher pode andar nua na rua e não perder o direito à liberdade sexual. É uma atitude completamente estigmatizadora concluir que uma mulher vestida com roupas atraentes contribui para o crime. Por óbvio, esse raciocínio não se justifica, pois há inúmeros casos de mulheres completamente vestidas que foram surpreendidas e vitimizadas sexualmente no trabalho ou em sua residência. No entanto, mulheres que andam sozinhas em lugares nos quais um ataque poderia ser disfarçado (parques, ruas escuras etc.) tornam-se mais vulneráveis. Ainda assim, o fato de a pessoa estar vulnerável não atenua ou justifica, em nenhum aspecto, a gravidade dos delitos praticados. O conhecimento dos riscos e das atitudes para evitá-los deve ser utilizado pelas pessoas para a própria proteção, mas o fato de a vítima não ter se precavido não diminui a necessidade de responsabilização plena do crime praticado.

O foco excessivo da criminologia na armadilha denominada *vítima causadora do delito*, bem como na idolatria do autor do delito para equipará-lo com todos os desviantes, mesmo aqueles que moram nas ruas ou outros estigmatizados, contribuiu bastante para parte da criminologia tornar a vítima e a sociedade culpados, ao passo que minimizava ou excluía a responsabilidade de autores de delitos graves, o que é absolutamente injusto e desequilibrado.

> **Para saber mais**
>
> Para estudar o bem jurídico e o papel da vítima, leia o livro indicado a seguir, que, além de debater aspectos relacionados à vítima, trata das drogas no sistema penal brasileiro, de questões penais, da criminologia e do processo penal relacionado ao tema.
> BACILA, C. R.; RANGEL, P. **Lei de drogas**: comentários penais e processuais penais. 3. ed. São Paulo: Gen-Atlas, 2015.

Síntese

Conforme demonstramos neste capítulo, a história do protagonismo da vítima partiu de um sentido de vingança privada (importância maior da vítima) e decresceu cada vez mais até a Idade Média, sua pior fase. A partir do Iluminismo, houve uma retomada tímida do assunto. No direito brasileiro, alguns institutos procuram atender a vítima na esfera penal (desistência voluntária, arrependimento posterior etc.) ou na esfera processual penal (dever de indenizar com base na condenação). Tais institutos, entretanto, são muito tímidos e insuficientes na prática forense e considerando-se o legítimo espaço que a vítima deve ter na sociedade.

Portanto, a vítima deve ter maior relevância em todos os âmbitos do sistema penal: no processo penal, deve acompanhar os atos do processo (que devem ser eficientes e justos) e, posteriormente, deve ser assistida na indenização; no direito penal, deve ter institutos que a amparem; e na criminologia, deve ter o mesmo protagonismo que o autor do delito.

Questões para revisão

1) Sobre vitimologia, é correto afirmar que:
    a. predominou na Idade Média.
    b. não tem dispositivos reconhecidos no Código Penal.
    c. não tem relação com a criminologia.
    d. estuda os aspectos de proteção e de vulnerabilidade da vítima.

2) No Código Penal, são institutos de proteção à vítima:
    a. perdão judicial.
    b. indulto.
    c. cancelamento de execução penal.
    d. desistência voluntária e arrependimento eficaz.

3) Ainda sobre a vítima, é possível afirmar que:
    a. o estigma da vítima em nada contribui com a vitimização.
    b. o estigma da vítima pode acarretar a vitimização decorrente do delito e a cegueira da sociedade em auxiliá-la.
    c. a vítima não é culpada pelo delito, porém, pode ter-se colocado em situação vulnerável.
    d. as alternativas "b" e "c" estão corretas.

4) Cite um exemplo de uma das formas de apoio à vítima no sistema penal.

5) Cite o principal motivo que levou a vítima a ter maior protagonismo nos tempos mais remotos da humanidade.

Questões para reflexão

1) Disserte sobre os motivos que levam o estigma a tornar a vítima mais vulnerável no sistema.

2) Discorra sobre alguns dos institutos que atribuem direitos ou proteções à vítima no direito penal e processual brasileiro.

VIII

Estigmas como metarregras negativas que afetam o sistema penal

Conteúdos do capítulo:

» Surgimento dos estigmas de raça, gênero, religião e classe social.
» Conceito de *estigma*.
» Aspecto objetivo e subjetivo.
» Metarregras.
» Estigmas no sistema penal.

Após o estudo deste capítulo, você será capaz de:

1. entender como surgiram os estigmas na sociedade;
2. constatar que não há racionalidade nos estigmas;
3. avaliar a influência equivocada dos estigmas no sistema penal;
4. aplicar as ferramentas de identificação dos estigmas nos casos concretos.

Nenhuma proposição apresentada até agora obteve êxito em afirmar categoricamente se temos livre-arbítrio (escola clássica) ou se nosso comportamento é determinado por causas que não nos deixam ser livres (escola positiva, escolas sociológicas etc.). A física, a astronomia e a biologia ainda não conseguem explicar os motivos da mente humana. Enquanto não a entendermos, é preciso ter a humildade de pensar em um direito penal possível, humano, justo, que permita à sociedade um mínimo de paz social.

Até o momento, demonstramos que os estigmas influenciaram a sociedade a agir indevidamente contra pessoas, causando um desequilíbrio na aplicação da justiça ao selecionar os estigmatizados para a punição (seleção positiva) e deixar de punir culpados que não apresentam estigmas (seleção negativa). A sociedade sofre atritos desnecessários. Agindo seletivamente, o direito penal torna-se pesado para alguns e brando ou inexistente para outros, mesmo para aqueles que praticaram crimes iguais ou mais graves. A sensação de injustiça atinge a percepção da comunidade envolvida nesses desacertos. A seguir, apresentaremos um esboço de como os estigmas surgiram e influenciaram o aspecto da justiça do direito penal na história dos povos.

8.1 Vingança divina e o estigma da religião

Nossos antepassados utilizavam explicações místicas para tentar compreender fenômenos naturais como o raio, o trovão, a chuva, o fogo, a aurora boreal, o *tsunami* e as doenças sem lesões aparentes (causadas por bactérias e vírus). Nesse contexto, se um sujeito demonstrasse algum sinal extraordinário – por exemplo, manipular o fogo, tocar alguém que depois ficava curado ou fazer um truque interessante –, poderia ser considerado o intérprete dos deuses. Esse indivíduo, então, adquiria muito poder e confiança, podendo até mesmo exigir sacrifícios humanos para aplacar a fúria dos deuses em virtude de algum crime praticado. Diversos corpos de crianças e mulheres foram encontrados em locais onde eram realizados rituais de sacrifícios humanos de civilizações antigas.

Essa é a origem da influência religiosa nas sociedades primitivas. Para a maioria das pessoas, trata-se de uma prática saudável e que desenvolve boas condutas. Porém, para outras, o argumento religioso é utilizado como forma de poder e sanção penal, como foi o caso da **inquisição medieval**.

Outro aspecto negativo de algumas religiões é criar conceitos segundo os quais aqueles que não estão adequados às regras de sua religião estão em uma condição humana inferior. Esse tratamento afeta toda a sociedade, inclusive o sistema penal. Dessa forma, estabelecem-se prioridades para o Estado que não são tão urgentes ou comuns, algo que também afeta a concepção de *religião*. Quando acreditamos que o outro é inferior por não comungar dos mesmos preceitos religiosos que os nossos, nós o tratamos como um estigmatizado religioso.

Atualmente, o estigma envolvendo o aspecto religioso costuma ser mais velado. Ainda assim, há casos em que ele aparece de maneira explícita, como quando se promovem perseguições a pessoas adultas que se prostituem, são homoafetivas ou não integram determinada religião. Como são os seres humanos que, afinal de contas, ditam as regras das religiões, pode-se afirmar que o estigma decorrente de aspecto religioso é irracional e, consequentemente, aleatório. Não discutimos aqui nenhuma religião em si, pois respeitamos todas elas, apenas salientamos o aspecto de tratamento estigmatizador do outro (Bacila, 2015b).

8.2 Estigma da mulher e a punição feminina na história

Durante o processo de escrita desta obra, assistimos à notícia de um homem que matou a ex-companheira dentro do hospital no qual ela trabalhava. A vítima deixou dois filhos em comum com seu assassino*. A violência doméstica tem vitimizado um número impressionante de mulheres, e isso com uma expressiva tolerância social e institucional. Isso ocorre, em nossa opinião, em decorrência do estigma da mulher, por ela ainda ser uma vítima aceitável em nossa sociedade. A origem do referido fenômeno é histórica.

No início, havia plena igualdade entre homens e mulheres. Contudo, em dado momento da história, provavelmente porque as mulheres engravidavam, optou-se por dividir as tarefas e atribuir às mulheres as atividades relacionadas ao cuidado dos filhos e da moradia – ou seja, as tarefas domésticas. Os homens, por sua vez, saíam para as caçadas, pescarias, expedições de exploração, guerras etc. Com o passar do tempo, essa especialização de tarefas gerou uma diferença social entre homens e mulheres. Portanto, o estigma da mulher está relacionado a um fator aleatório, de sorte ou azar, que é a especialização de tarefas (Bacila, 2015b).

---

* Notícia divulgada na *Globo News* de São Paulo, às 19h30min, no dia 13 de junho de 2018 – Edição 18.

O estigma da mulher gerou uma distinção tão grande, já presente nas primeiras legislações escritas, que as mulheres poderiam ser entregues como pagamento de dívidas na Babilônia e eram proibidas de ler e estudar na Grécia Antiga. Até pouco tempo, historicamente falando, havia a punição feminina informal, executada pelo pai ou pelo marido – violência física como forma de correção de comportamento. Assim, a mulher pouco figurava no sistema penal, salvo se fosse para servir de exemplo (Bacila, 2015b).

Podemos ver essa maneira de punir a mulher informalmente como uma forma de diminuir a humanidade, pois, simbolicamente, ela ainda é vista por muitos como inferior ao homem e, por isso, não figura na sanção penal, que seria, nessa visão estigmatizadora, humana demais para a mulher (Bacila, 2015b).

8.3 Estigma de raça e o sofrimento da humanidade

Quando os assírios atacaram a Babilônia, escravizaram o povo vencido e o trataram de maneira cruel. Porém, certo dia, os caldeus atacaram os assírios e também os trataram com crueldade (Bacila, 2015b). A história do estigma de raça também mostra que a perda de uma guerra e a escravidão sucessiva levaram os povos a enxergarem uns aos outros como inferiores. Ainda assim, conforme revela a história, a origem desse estigma também é, em parte, aleatória, visto que depende da sorte ou do azar de um povo ter sido surpreendido em uma batalha e, consequentemente, ter-se tornado escravo (Bacila, 2015b).

A exploração colonial na África, que se valeu, principalmente, da rivalidade entre tribos – as quais vendiam seus inimigos derrotados em guerra para os países colonizadores utilizarem-nos como escravos nas colônias – também levou ao desenvolvimento do estigma contra pessoas de pele negra. *Raça* é um conceito genérico para cor da pele, procedência nacional, etnia, imigração etc., tendo em vista que não existe raça pura. Apesar da origem do estigma ser também irracional, teorias e ilações completamente equivocadas foram feitas sobre diferenças raciais. Entendimentos individuais, coletivos e até guerras foram geradas pela intolerância de pessoas diferentes, sem nenhuma base histórica.

8.4 Estigma da pobreza e a confusão ideológica

É comum em todos os recantos sociais ouvirmos o dito "rico não vai para a cadeia". Isso parece ser verdadeiro em muitos casos. Parece até que todas as instituições colaboram com o clichê, perseguindo implacavelmente os pobres e mandando-os para as masmorras, ao passo que fazem todo o possível para liberar os ricos. Mas por que isso ocorre? Desde quando? É possível mudar e democratizar as instituições penais? Se conseguirmos responder a essas perguntas, provavelmente teremos a chave para responsabilizar criminalmente todos aqueles que causam prejuízos sociais, independentemente de serem ricos ou pobres.

A ideia de privilegiar os ricos é bem mais antiga do que muitos imaginam, remontando às primeiras leis escritas, dos sumerianos e, posteriormente, dos babilônios. O Código de Hamurabi já determinava que se um pobre furtasse seria morto, mas, se o furto fosse praticado por um rico, este pagaria uma multa.

No entanto, nem sempre foi assim. As comunidades nômades primitivas de nossos ancestrais mais distantes eram igualitárias. Com a especialização das atividades, alguns ficaram com a incumbência de dirigir e orientar as tarefas coletivas, como construção de estradas e de canais de irrigação. Com o passar do tempo, o comando de atividades passadas de pai para filho atribuiu certo *status* e, consequentemente, certo poder a essas pessoas. Assim, a qualidade de acumular riquezas acabou sobrepondo-se a atividades mais simples, que não proporcionavam os mesmos rendimentos. Outra atividade de destaque era a do líder religioso. Outros ainda tinham sorte na lavoura de milho – mas os que plantavam trigo, por exemplo, poderiam ter perda total em decorrência de chuvas ou pragas (Bacila, 2015b).

Para você entender melhor o fenômeno da especialização, que levava uns para a riqueza e outros para a pobreza, basta pensar em duas especializações. Considere que os indivíduos A e B se especializem na função de auxiliar de pedreiro e gari, respectivamente, e C e D se especializem em engenharia e medicina, nessa ordem. Via de regra, A e B tendem a ter poucos recursos financeiros, ao passo que C e D normalmente viverão com abundância. Esse exemplo é simples: não podemos dizer que A e B tendem a praticar crimes contra o patrimônio e C e D tendem a ser honestos simplesmente pela condição financeira. Parece absurdo, portanto, dizer que A e B tendem mais ao crime do que C e D. Ainda assim, até a década de 1930, a criminologia fundamentava grande parte de suas teorias causal-explicativas para o crime com base na pobreza. Esse estigma, embora tenha origem aleatória, alimentou um tratamento desumano contra pessoas pobres simplesmente porque eram pobres. Mais uma vez, a desigualdade de tratamento gerou injustiças no sistema penal (Bacila, 2015b).

A igualdade de tratamento para todos deve ser uma meta na sociedade, onde o respeito deve ser fundamental. Desde as formulações criminológicas de Edwin Sutherland, algo já se avançou nessa área, e o bem-estar social depende de instituições sérias e imparciais. Conforme vimos, a desigualdade de tratamento levou o sistema penal a inclinar-se para selecionar os pobres para a criminalização, deixando de ver a criminalidade igualmente nociva praticada pelos "normais". Vimos também que a criminologia até meados do século XX procurava preponderantemente na pobreza a explicação para o crime.

O sistema de tratamento desigual de pobres e ricos no sistema penal e na sociedade como um todo é prejudicial a todos.

8.5 Conceito de estigmas e metarregras

Depois de constatarmos que os estigmas têm origem aleatória, cremos ser importante desenvolver um conceito geral que possa contribuir para o estudo de casos concretos.

O estigma tem um **aspecto objetivo**, perceptível pelos sentidos. Por meio dele, é relativamente fácil observar características objetivas e externas, como gênero (feminino ou masculino), raça (cor da pele, procedência nacional), comportamento religioso (rituais, comparecimento a cultos etc.), classe social (pobreza, carência de recursos materiais), comportamento não convencional (ideias expressadas, comparecimento a reuniões e manifestações, vestimentas, homoafetividade etc.) e transtorno mental (sintomas externos). O estigma tem também um **aspecto subjetivo**, que consiste em uma valoração social negativa, ou seja, que se sobressai de forma desfavorável ao aspecto objetivo.

Podemos equiparar esse aspecto subjetivo às metarregras, que são normas práticas de rua. Considerando que o prefixo *meta* significa "além de", podemos compreender que se trata de algo além das regras formais. Para melhor compreender esse conceito, considere as normas gramaticais como exemplos de regras formais e os cumprimentos, como *bom dia, com licença, por favor* e *obrigado*, como exemplos de metarregras. Como elas têm base racional, vamos denominá-las **metarregras positivas**. Exemplificando: quando duas tribos estranhas se encontravam em campo aberto, havia duas opções: a luta até a morte ou o entendimento amistoso. Os primeiros cumprimentos podem ter salvado tribos inteiras da extinção. Na sociedade contemporânea, os tratamentos cordiais ainda têm relevante utilidade na vida das pessoas, tanto pessoal quanto profissional (Bacila, 2015a).

Figura 8.1 – Aspectos objetivos e subjetivos dos estigmas

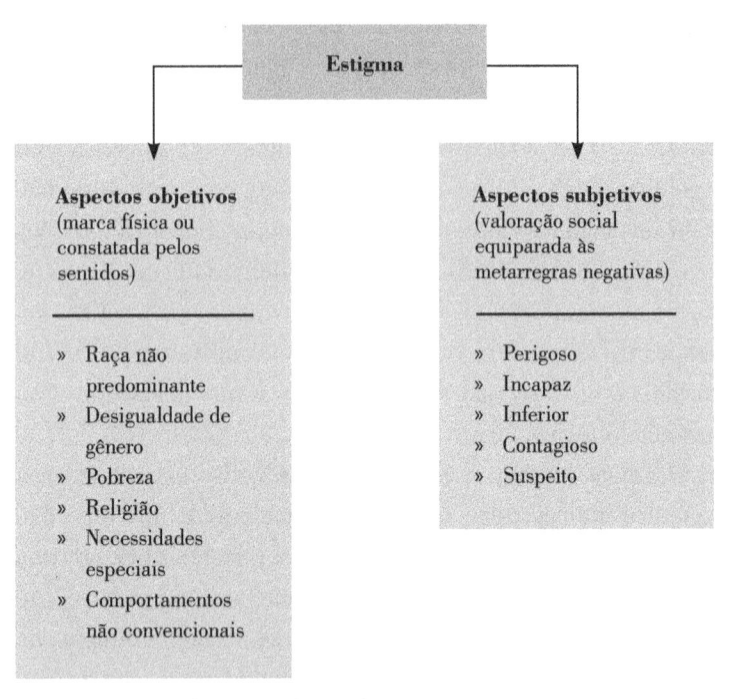

Estigma	
Aspectos objetivos (marca física ou constatada pelos sentidos)	**Aspectos subjetivos** (valoração social equiparada às metarregras negativas)
» Raça não predominante » Desigualdade de gênero » Pobreza » Religião » Necessidades especiais » Comportamentos não convencionais	» Perigoso » Incapaz » Inferior » Contagioso » Suspeito

Fonte: Elaborado com base em Baçila, 2015b.

Como o estigma subjetivo não tem base racional nem utilidade para as pessoas, podem ser denominados **metarregras negativas** (Bacila, 2015b). Acreditar que a pessoa é suspeita de furto porque é pobre não constitui um indício de crime, mas uma metarregra negativa (estigma). Talvez por isso não encontraremos na literatura, no cinema ou na mídia em geral exemplos de pobres cleptomaníacos (pessoas que têm compulsão para o furto). Sim, há pobres que são cleptomaníacos, contudo, tais pessoas não encontram nos tribunais encaminhamento para tratamento ambulatorial, em decorrência da semi-imputabilidade. Na realidade, os pobres não conseguem igualdade de tratamento e, por isso, não são visualizados os casos de compulsão para o furto praticado por pobres. Mas eles existem. São casos reais, e seus autores devem ter os mesmos direitos de ricos cleptomaníacos: o tratamento ambulatorial com diminuição de pena. É o que estabelece o art. 26, parágrafo único, do Código Penal (Brasil, 1940):

Art. 26. [...]

[...]

Parágrafo único. A pena pode ser reduzida de um a dois terços, se o agente, em virtude de perturbação de saúde mental ou por desenvolvimento mental incompleto ou retardado não era inteiramente capaz de entender o caráter ilícito do fato ou de determinar-se de acordo com esse entendimento.

Nesse caso, a pena pode ser substituída por internação ou tratamento ambulatorial, conforme estabelece o art. 98 do Código Penal. Portanto, a ausência de exemplos de pobres cleptomaníacos nas artes e nos tribunais decorre do estigma do pobre, e não da falta de ocorrência abundante na vida real. Do mesmo modo, mulheres continuam sendo vítimas preferenciais de delitos, embora a comunidade e as instituições públicas pareçam não perceber a gravidade desse fato. Por outro lado, há certa dificuldade, por parte da sociedade em geral, em ver a mulher como autora de delito.

> **Preste atenção!**
>
> No dia 20 de maio de 2009, a revista *Veja* fez um paralelo interessante com relação à decisão do Ministro Marco Aurélio Mello, do Supremo Tribunal Federal (STF). Uma mulher que havia furtado gomas de mascar, que somavam R$ 98,80, foi condenada a dois anos de prisão, ao passo que o ex-banqueiro Salvatore Cacciola foi solto por meio de um *habeas corpus*, o que possibilitou sua fuga do país (Nunes, 2017). Havia dois fortes motivos para o ministro soltar a mulher: insignificância da conduta (tese já reconhecida nos tribunais) e a absolvição ou diminuição de pena da acusada pelo reconhecimento de compulsão para o furto (cleptomania). Conforme mencionamos, geralmente não se reconhece essa patologia em pessoas pobres.

Os estigmas são tão marcantes para a criminalidade que a ausência deles pode até descartar um suspeito. Em estudo pioneiro sobre assassinos em série, demonstramos que quando o suspeito não tem estigmas, por mais evidente que seja sua participação no delito, geralmente ele é descartado em um primeiro momento, sendo responsabilizado apenas quando pratica vários outros homicídios.

> **Importante!**
>
> É possível destacar três características do estigma: (1) não tem fundamento racional; (2) tem aspecto objetivo e subjetivo; (3) o aspecto subjetivo pode ser equiparado às metarregras (Bacila, 2014).

Saiba que os principais estigmas (pobreza, racismo, desigualdade de gênero, preconceito religioso etc.) demonstram que o caráter depreciativo imputado ao estigmatizado não existe "essencialmente", é tão somente fruto de circunstâncias históricas aleatórias e casuais. Da perspectiva histórica, a exposição dos motivos que levaram a sociedade a estigmatizar pessoas e grupos de indivíduos desvela um campo espetacular de possibilidades teóricas e práticas para a polícia e, por que não dizer, para o direito e a sociedade como um todo, tudo de forma tão simples que até o espírito de "criança" descrito por Charles Baudelaire (1996, p. 24, grifo nosso) o veria com naturalidade:

> *E as coisas renascem no papel, naturais e, mais do que naturais, belas; mais do que belas, singulares e dotadas de uma vida entusiasta como a alma do autor. A fantasmagoria foi extraída da natureza. Todos os materiais atravancados na memória classificam-se, ordenam-se, harmonizam-se e sofrem essa idealização forçada que é o resultado de uma percepção **infantil**, isto é, de uma percepção aguda, mágica à força de ser ingênua!*

Veremos, a seguir, como o sistema penal seleciona pessoas por intermédio dos estigmas.

Para saber mais

Sugerimos a leitura do livro a seguir, no qual tratamos de forma original dos estigmas como metarregras. O livro tem o conteúdo de minha tese de doutoramento sobre os estigmas, defendida na Universidade Federal do Paraná em 2004. Nesse trabalho desenvolvo uma verdadeira "fórmula do preconceito".

BACILA, C. R. **Criminologia e estigmas**: um estudo sobre os preconceitos. 4. ed. São Paulo: Gen-Atlas, 2015.

8.6 Atuação da polícia tendo estigmas como metarregras

A polícia, em geral, interpreta as regras jurídicas por meio de metarregras – mecanismos que a influenciam na aplicação da lei, mas que são estigmas. Estes comprometem o projeto de atuação da polícia desde o início, porque deturpam seu eixo. Com efeito, a polícia opera com uma seleção que, via de regra, privilegia alguns (favorecidos economicamente – não estigmatizados) e massacra outros (pobres, negros, indígenas, mulheres, religiosos, idealistas – estigmatizados). A própria agência policial está centrada em estigmas. Por isso, as partes desfavorecidas sofrem a perseguição preferencial da polícia, como se fossem verdadeiros "clientes" do sistema, em decorrência do direito aplicado na realidade, por meio de metarregras que decidem quem serão os selecionados para a criminalização.

O eixo do sistema policial deveria ser o respeito à dignidade humana, sem discriminar ninguém, atender a uma legislação discriminadora ou proceder de forma preconceituosa – conclusões estas que bem poderão servir a todos os operadores do direito e, certamente, a todos os seres humanos.

Observe os círculos a seguir:

Figura 8.2

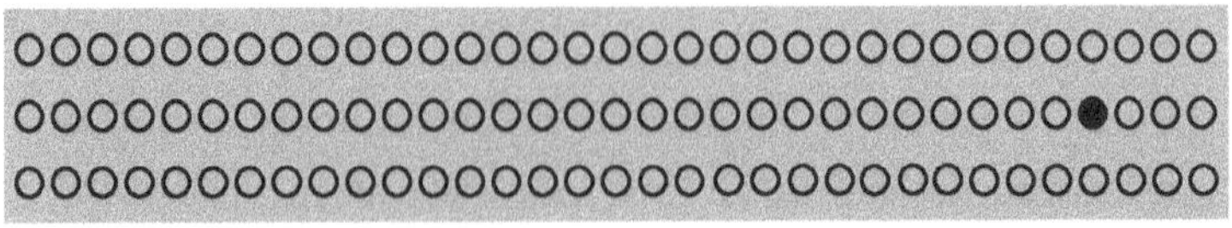

OOOOOOOOOOOOOOOOOOOOOOOOOOOOOOOOOOOOOOO
OOOOOOOOOOOOOOOOOOOOOOOOOOOOOOOOOOO●OOO
OOOOOOOOOOOOOOOOOOOOOOOOOOOOOOOOOOOOOOO

Se um policial tivesse de descobrir um crime e, para isso, precisasse escolher um círculo entre cem, certamente estaria estimulado a selecionar o círculo preto. Ainda que não o escolhesse, sua atenção certamente seria desviada para ele. Mas afinal, por que o círculo preto parece representar o maior suspeito? Haverá uma justificativa plausível para considerá-lo como suspeito "número um"? Como a humanidade chegou a esse ponto, considerando que certas marcas tornam as pessoas "anormais" em sentido depreciativo, criando-se, assim, o estigma?

Outra questão a ser investigada é: em uma sociedade cuja maior parte da população pratica alguma natureza de delito (difamação, sonegação fiscal, falsidade ideológica, dano etc.), Talvez apenas 1% das pessoas que efetivamente praticam crimes seja concretamente criminalizada. Isso significa que uma multidão pratica atos reprováveis, mas somente poucos são chamados para prestar contas à Justiça. Esse processo passa por uma filtragem ou seleção de indivíduos.

Além dos métodos formais de interpretação das regras jurídicas (literal, autêntica, sistemática, teleológica etc.) – métodos estes que se demonstraram insuficientes para trazer precisão na aplicação da regra jurídica –, existem as metarregras, que atuam nos operadores do direito e em toda a sociedade, tornando a aplicação da lei diferenciada e direcionada ao atingimento apenas de determinadas pessoas. No âmbito criminal, selecionam-se por meio de metarregras os sujeitos aos quais será atribuído o rótulo de "criminoso", e eles serão marcados, em razão de sua passagem pela penitenciária, como indivíduos "anormais", que não podem ter um emprego razoável ou recomeçar sua vida sem discriminações.

Os estigmas não são apenas o resultado da criminalização (primária e secundária) – fato este que já está claro –, mas são também os principais responsáveis pela rotulação de pessoas como criminosas. Como ímã que atrai o ferro, os estigmas levam o policial à criminalização dos estigmatizados e, consequentemente, a atuar com força de "regras" no momento de aplicar as normas jurídicas. Então, pretender estudar a polícia somente com base nas normas jurídicas, sem levarmos em conta os estigmas que atuam como metarregras, é o mesmo que tentar aplicar a mecânica de Galileu-Newton para entender as estrelas. Isso não seria adequado, a não ser que se considerem as estrelas fixas e não se executem movimentos circulares (Einstein, 1999).

Contudo, essa especificidade na polícia não impede que sejam possibilitadas outras vias de discussão para o tratamento sem estigmas em todo o ordenamento jurídico. Por isso, outra sugestão é considerar o policial interligado a todo o sistema normativo, cabendo ao direito centralizar suas regras em um eixo que destrua ou negue os estigmas na elaboração e na aplicação das leis – fato que não tem sido considerado de maneira satisfatória até então. Evidentemente, os mesmos problemas das metarregras negativas ocorrem também na advocacia, no Ministério Público e no Judiciário.

Aqui, cabe apresentar a você algumas perguntas necessárias: Por que se discute mais sobre "pobres praticando crimes contra ricos" (furto de carteira, roubo ou extorsão diante do caixa eletrônico) ou sobre pessoas insanas que saem nas ruas e matam pessoas sem motivos aparentes? Por que não se aceita o fato de o crime ser uma prática presente em todos os segmentos sociais (corrupção passiva e ativa, lesão corporal, injúria, tráfico de drogas, abuso de autoridade, sonegação fiscal, peculato, apropriação indébita etc.)? Enfim, por que se sustenta a ideia de que o crime é praticado por estigmatizados, e não por "pessoas"?

Assim, se os estigmas se formaram no desenrolar da história e incrustaram-se na cultura e nos princípios das pessoas, hoje eles são muito mais sutis do que antigamente. Contudo, ao olharmos para os estigmas do passado, eles nos parecem absurdos e exagerados, assim como parecerão absurdos os atuais estigmas para as futuras gerações.

Finalmente, propomos a você uma pergunta decisiva: Por que combater os estigmas? Ou melhor, após demonstrar que os estigmas são erros históricos, a questão mais adequada é: Por que criar e manter estigmas?

Tendo em vista essa reformulação, diante do quadro de círculos que propusemos anteriormente, um policial deve considerar todos como suspeitos e inocentes ao mesmo tempo, sem inclinar-se para nenhum motivado pela cor ou qualquer outra marca e, se pretender levar a investigação até o final, deve ter em mente que o ser humano não é um simples símbolo, como um círculo.

Síntese

Conforme esclarecemos neste capítulo, embora os preconceitos afetem sensivelmente a pessoa e a humanidade como um todo, muitos teóricos não haviam estudado de maneira sistemática as precondições estruturais dos estigmas e seu conceito. Nesse sentido, com base nas descobertas históricas, desenvolvemos um conceito de estigma que pode ser aplicado para o estudo de casos de todos os tipos de preconceitos, o qual pode ser visto na Figura 8.2. Temos de entender que o estigma tem um aspecto objetivo, que é perceptível pelos sentidos, como uma marca. Por outro lado, o estigma tem um lado subjetivo, que é uma valoração social negativa. Podemos equiparar o aspecto subjetivo dos estigmas às metarregras (regras práticas), que não têm base racional e, por isso, foram denominadas *metarregras negativas*. Estas são regras de rua que diminuem o valor das pessoas que têm algum estigma objetivo.

Conforme elencamos na pesquisa histórica sobre a origem dos estigmas, nenhum deles apresenta fundamento racional, mas aleatório. Apesar de os estigmas não terem base racional, eles influenciam a vida das pessoas em geral, diminuindo a qualidade de vida tanto dos estigmatizados quanto daqueles que empregam energia com tratamento estigmatizador. O sistema penal reproduz os estigmas e gera seletividade positiva (selecionando estigmatizados que praticaram crimes ou não) e negativa (deixando de criminalizar pessoas que não têm estigmas, mas que, por vezes, praticaram crimes muito graves).

Questões para revisão

1) Qual é a origem do estigma da mulher?
   a. Natureza.
   b. Discussão racional.
   c. Votação.
   d. Especialização de tarefas.

2) Qual é a origem do estigma religioso?
   a. Discussão racional.
   b. Interpretação mística da natureza.
   c. Votação da tribo.
   d. Natureza.

3) Exemplos de metarregras/estigmas:
   a. Beleza e arte.
   b. Elogio ao belo.
   c. O rico não pratica delitos contra o patrimônio.
   d. O pobre pode ser honesto ou desonesto.

4) Cite um exemplo de tratamento estigmatizador.

5) Cite um exemplo de tratamento **não** estigmatizador em uma questão criminal.

Questões para reflexão

1) Se os estigmas ocorrem na atividade policial e na sociedade como um todo, como eles podem ocorrer na atividade do advogado, do juiz e do promotor? Procure indicativos para responder a essa questão em reportagens sobre o assunto.

2) Na obra *Criminologia e estigmas*, apontamos a seguinte proposta para as denominadas *ações afirmativas*: aumentar as vagas dos estabelecimentos de ensino públicos e privados no percentual de cotas. Por exemplo, se a Faculdade de Direito oferece 100 vagas, das quais 20% consistem em cotas, isso aumenta o número de vagas para 120, como forma de motivação social e de evitar a sensação

de "diminuição de vagas". O aumento de vagas poderia ser de 20%, um esforço razoável e realizável. Não se trata de um aumento de vagas como um programa geral que pode ocorrer a qualquer momento e por uma decisão estratégica, mas de um aumento de vagas vinculado ao percentual das cotas. O que você acha dessa proposta? Ela é compatível com o debate realizado no presente capítulo?

IX

Princípios do direito penal*

Conteúdos do capítulo:

» Princípios da legalidade, da subsidiariedade, da fragmentariedade e da lesividade.
» Fundamentos da culpabilidade.
» Culpabilidade como elemento do conceito de *crime*.
» Outras visões sobre culpabilidade.
» Coculpabilidade.

Após o estudo deste capítulo, você será capaz de:

1. constatar a necessidade de uma política criminal mais ligada à criminologia;
2. compreender os princípios que fundamentam a política criminal brasileira;
3. examinar a complexidade do conceito de culpabilidade.

---

* Neste capítulo, também inserimos alguns princípios do direito penal muito ligados à política criminal, como os princípios da legalidade e da culpabilidade.

Depois de apresentarmos conceitos fundamentais da criminologia e a luta de ideias nessa área, propomos, neste capítulo, uma análise da política criminal com base nos temas propostos. Demonstraremos que o direito penal não pode estar dissociado de uma política criminal voltada à diminuição da criminalidade. A finalidade da sanção penal é a proteção de bens jurídicos. Essa é uma forma de auxiliar a proteção estatal contra o crime.

Nesse sentido, Claus Roxin (2000, p. 24, tradução nossa) manifesta que o Estado "deve melhorar as relações sociais, isto é, a liberdade, a segurança e o bem-estar de seus cidadãos, e a melhor forma possível de consegui-lo é orientar a finalidade da pena para evitar comportamentos delitivos mediante a incidência no delinquente e na consciência jurídica da comunidade".

Para a política criminal ser implementada de forma eficaz, é preciso considerar como requisito o respeito aos princípios fundamentais do direito penal, os quais analisaremos a seguir.

9.1 Política criminal e criminologia

As correntes mais atuais do direito penal, vinculadas às conquistas iluministas, mas também comprometidas com os problemas reais desse ramo do direito, ponderam as consequências de política criminal que suas teorias podem acarretar (Moccia, 2003).

Assim, o conceito de *crime* não tem apenas uma beleza ou racionalidade voltada para a simetria, retórica ou divagação sem sentido, ao contrário, ele procura prever quais são suas possíveis consequências com base nos valores sociais contemporâneos e humanitários. Aliás, há muito que o direito penal abandonou métodos como o de responsabilidade objetiva, pelo qual se punia alguém que não tinha sequer dolo ou culpa (Bacila, 2011).

Atualmente, a responsabilidade penal é mais precisa, rigorosa e científica. Afinal, em um Estado democrático de direito, todos aqueles que praticam delitos devem ser responsabilizados, principalmente os que cometem crimes graves.

O professor Claus Roxin delineou um esboço de como o direito penal pode estar envolvido com os valores da sociedade, o qual denominou *teoria unificadora dialética*. O penalista alemão entende que o direito penal deve atingir a pessoa de três maneiras: (1) com a cominação ou ameaça da pena; (2) com a imposição ou aplicação da pena; (3) com a execução da pena. A primeira etapa respeita o princípio da subsidiariedade do direito penal, ramo que somente deve atuar quando outro segmento do direito ou até mesmo da sociedade não puder resolver o assunto. Exemplo disso é o delito de homicídio. Igualmente, somente condutas que atingem bens jurídicos podem ser objeto da lei penal. Nessa fase, predomina a ideia de **prevenção geral**, que está associada à reafirmação do direito. Na segunda etapa, da aplicação, predomina o princípio da culpabilidade, e o poder estatal encontra, diante do indivíduo que cometeu o delito, um limite que não pode ultrapassar. Por fim, a terceira etapa visa aproveitar o cumprimento da pena para tentar reintegrar o indivíduo à sociedade, sempre respeitando sua autonomia. Logo, nessa última fase, prevalece a **prevenção especial** (Roxin, 1986)*.

---

* Sobre esse assunto, veja também Bacila (2011, p. 72-73).

> **Importante!**
>
> Da mesma forma que o direito penal hoje está voltado para resolver casos concretos e oferecer subsídios para a política criminal, a criminologia precisa estar mais alinhada às perspectivas estatais de prevenção do delito e de melhoria da qualidade de vida das pessoas. Para isso, é preciso mais dedicação ao estudo dos crimes graves que interferem na qualidade de vida da sociedade e, até mesmo, eliminam vidas humanas. É, pois, necessário que a criminologia forneça elementos para a política criminal ser mais útil à sociedade em que vivemos.

9.2 Princípio da legalidade

Se o direito penal pretende ser uma disciplina científica, o princípio da legalidade foi um passo decisivo para isso. A ideia contemporânea de *legalidade* surgiu no século XVIII, justamente com as obras dos iluministas que lutavam contra o arbítrio dos déspotas esclarecidos (reis ou outros governantes sustentados pelo poder) e juízes tiranos que empregavam argumentos vagos para punir pessoas com crueldade.

Voltaire foi preso na Bastilha pelo que escreveu e disse; Giordano Bruno foi queimado por ter sido um cientista que sustentava ser o Sol o centro do Universo; Joana D'Arc também foi queimada até a morte por ser mulher e liderar o exército francês; enfim, tudo era irracional no que se referia às coisas do Estado, visto que os limites do soberano eram bem poucos – se é que existiam. Então, era preciso mais razão e menos emoção nos assuntos de Administração Pública. Por isso o século XVIII é chamado de *século da razão* (racionalismo) e *século das luzes* (Iluminismo): foi um período que trouxe padrões bem mais seguros para as pessoas viverem.

Lembremos que Rousseau abordou a necessidade do *Contrato social*, Voltaire analisou os arbítrios da religião e Montesquieu examinou a divisão dos poderes (Executivo, Legislativo e Judiciário) com forças similares, sem sobreposição de uma à outra, o que criaria profundo desequilíbrio. É claro que nem tudo era perfeito no Iluminismo, pois nessa época também foram fomentados muitos preconceitos*. As pessoas poderiam ser punidas por terem um comportamento que era reprovado pela Igreja, sob acusação de heresia, ou então pela prática de um crime que desagradasse ao rei (lesa-majestade).

Para legitimar um mecanismo de segurança para os indivíduos, de forma que nenhuma conduta fosse punida se não houvesse previsão legal anterior a ela, ou que nenhuma pena fosse aplicada ou aumentada se já não estivesse prevista anteriormente em lei, foi criado o princípio da legalidade. Seu fundamento está no pensamento dos principais filósofos iluministas, que prepararam as bases de um sistema estatal mais seguro. Segundo eles, a lei é um referencial resguardado, supostamente racional e científico, que tem relação com o *Contrato social* de Rousseau e com a força do Legislativo prevista no *Espírito das leis* de Montesquieu, bem como com a obra de tantos outros pensadores.

O princípio *nullum crimen nulla poena sine lege* não é romano, pois a fórmula latina foi escrita por Feuerbach no *Lehrbuch*, em 1801 (Welzel, 1997; Feuerbach, 1989). Esse

---

* Caso você tenha interesse em conhecer o lado "obscuro" do Iluminismo, poderá conferi-lo em Bacila (2005).

princípio já tinha sido enunciado por Beccaria, com detalhes, na obra *Dos delitos e das penas*, a qual apresenta pela primeira vez o princípio da legalidade: "A primeira consequência que se tira desses princípios é que apenas as leis podem indicar as penas de cada delito e que o direito de estabelecer leis penais não pode ser senão da pessoa do legislador, que representa toda a sociedade ligada por um contrato social" (Beccaria, 2000, p. 20)*.

Os romanos empregavam conceitos praticamente ilimitados de leis penais, como os *crimina extraordinaria* (infâmia, estelionato etc.) e os *delicta publica*, que não faziam distinção entre atos preparatórios, tentativa e consumação (Welzel, 1997).

A Constituição norte-americana de 1776 expôs o princípio da legalidade em seu texto, embora o direito inglês tenha adotado o *common law* e valorizado sobremaneira os casos precedentes.

Entretanto, foi a Declaração de Direitos do Homem de 1789, elaborada na fase revolucionária da França, que consagrou o princípio que se difundiu mundialmente no século XIX. O Código Penal brasileiro inaugurou, em seu art. 1º, o princípio da legalidade, expresso da seguinte forma: "Não há crime sem lei anterior que o defina. Não há pena sem prévia cominação legal" (Brasil, 1940). A Constituição Federal de 1988 conferiu uma força ainda maior a esse princípio ao enunciá-lo no art. 5º, inciso XXXIX.

De acordo com Roxin (1997), a doutrina aponta quatro consequências do princípio da legalidade: (1) proibição de analogia (*nullum crimen, nulla poena sine lege stricta*); (2) proibição de utilização dos costumes para fundamentar e agravar a pena (*nullum crimen, nulla poena sine lege scripta*); (3) proibição de

---

* Existem critérios mais claros para a apreciação das provas. Veja Beccaria (2000, p. 27, 28, 31, 33, 36).

retroatividade (*nullum crimen, nulla poena sine lege praevia*); e (4) proibição de leis penais e penas indeterminadas (*nullum crimen, nulla poena sine lege certa*).

O princípio da legalidade somente atinge o objetivo de proteger as pessoas contra os abusos estatais se for compreendido como fundamentador do princípio da tipicidade, que está expresso em sua essência, pois a lei deve ser certa e estrita (*lege stricta e certa*). O dispositivo constitucional do art. 5º, inciso XXXIX, da Constituição (Brasil, 1988, grifo nosso) utiliza a expressão "não há crime sem lei anterior que o **defina**", que determina a necessidade de haver a **definição exata** da conduta criminalizada (Ramos, 1991). Há também o chamado *princípio da taxatividade* ou *da previsibilidade* mínima, derivado do princípio da legalidade e tipicidade no sentido da necessidade de determinação precisa da hipótese da conduta criminosa (Carvalho, 1997).

Decorrente do princípio da legalidade, o **princípio da reserva legal** determina que somente o Poder Legislativo, por meio de lei, poderá estabelecer os tipos penais. O monopólio do Legislativo se justifica em decorrência da legitimidade desse poder de efetuar ampla discussão democrática para criminalizar as condutas mais lesivas à sociedade (Carvalho, 1997).

São exemplos históricos de violação do princípio da legalidade a Rússia Pós-Revolução Comunista e a Alemanha Nacional-Socialista, que sob o regime nazista estabeleceu um conceito vago de crime por meio da Lei Complementar de 28 de junho de 1935. De acordo com essa lei, crime seria o que fere o **sentimento do povo**. Então, sob esse modelo, foram criadas as leis posteriores, que orientavam a atividade policial e os conceitos de *crimes* contra o povo, completamente indeterminados e servidores da ditadura então vigente (Welzel, 1997, p. 24).

9.2.1 Problemas atuais do princípio da legalidade

Defendemos a tese de que um dos fatores que mais tem violado o princípio da legalidade é o **estigma**. Isso ocorre da seguinte maneira: se, de um lado, o direito tem regras oficiais e formais, do outro a sociedade tem regras informais e práticas, as quais estabelecem a necessidade de cumprimentar as pessoas, de pedir licença para alguém ou desculpas por algum inconveniente etc. Como são normas para além das regras jurídicas, conforme destacamos no Capítulo 8, elas são denominadas *metarregras*, e são muito boas para o convívio social.

Acontece que muitas dessas metarregras constituem preconceitos, a saber: "a mulher é um ser inferior"; "o indígena é preguiçoso"; "a religião X não aproxima as pessoas de Deus"; "o pobre tende à prática do crime"; "os loucos são perigosos"; "os imigrantes não prestam" etc. Conforme salientamos no Capítulo 8, essas regras preconceituosas constituem o aspecto subjetivo dos estigmas, ou metarregras negativas. Os estigmas são regras práticas que atuam sobre o sistema penal das mais variadas formas, como na seleção de pessoas que responderão pelos crimes praticados.

Imagine as metarregras/estigmas anteriormente enunciadas atuando na cabeça de policiais, promotores, juízes, advogados, testemunhas etc. Essa é uma terrível violação do princípio da legalidade, pois a lei prevê penas para todos que praticarem crimes e forem julgados por isso, mas o encaminhamento do estigmatizado é acentuado. Assim, em vez de dizer "devemos invadir as favelas com a polícia para procurar os criminosos", poderíamos dizer, sem as metarregras/os estigmas: "devemos levar a polícia e o Estado até as favelas para proteger a população contra as práticas criminosas".

9.3 Princípios da subsidiariedade, da fragmentariedade e da lesividade

De acordo com o **princípio de subsidiariedade**, estabelecer penas como a privativa de liberdade ou de prestação de serviços à comunidade é algo grave, visto que a sanção penal não se deve ocupar de problemas sociais que outros ramos do direito possam resolver satisfatoriamente. Por exemplo: Alfonso deixa de pagar aluguéis e recebe como sanção a execução forçada de seus bens para o pagamento da dívida e o despejo por falta de pagamento (que são sanções civis). Não seria cabível que a sanção de Alfonso ocorresse também no âmbito penal, isto é, com a possibilidade de prisão. O direito civil já é satisfatório para resolver o inadimplemento contratual.

O direito penal tutela apenas parcialmente os bens jurídicos (vida, liberdade, patrimônio, meio ambiente etc.), conforme prevê o **princípio da fragmentariedade**. Por exemplo: Alfonso furta uma bicicleta da loja na qual trabalha. O bem jurídico em questão é o patrimônio, e este receberá tutela penal por meio da criminalização do furto, prevista no art. 155 do Código Penal. Contudo, essa tutela só será feita sobre parte do bem jurídico ou sobre um fragmento do bem (daí *fragmentariedade*), pois o direito trabalhista também estabelece sanção para Alfonso (demissão), bem como o direito civil prevê a obrigação de indenização.

> **Importante!**
>
> O **princípio da intervenção mínima** refere-se aos princípios da subsidiariedade e da fragmentariedade (Batista, 1996), no sentido de que o direito penal deve interferir o mínimo possível na vida social dos cidadãos, tendo em vista que se trata de um meio de interferência muito grave.

Por fim, de acordo com o **princípio de lesividade**, a elaboração de leis penais que estabelecem tipos e as respectivas sanções só deve ocorrer para condutas que lesam (causam danos a) bens jurídicos. Por exemplo: não se pode tornar crime a conduta de Alfonso chegar atrasado à sala de aula porque a ação é inofensiva à sociedade. Do mesmo modo, não se pode punir criminalmente Drusila por ter mau gosto ao vestir-se, pois isso não causa qualquer tipo de lesão social.

9.4 Garantismo

O direito penal tem sido utilizado como discurso do fracasso do Estado na organização social. De acordo com Ramos (1991), ele não tem a responsabilidade de melhorar as condições de distribuição de renda, de trazer a comunidade para perto da Administração Pública ou de investir na promoção de uma infância sadia (física, emocional e intelectualmente). Ainda que essas atribuições sejam devidas pelo Estado, não são incumbências do direito penal. No entanto, quando a falta desses investimentos produz agressividade e a criação de estigmas, então se elabora enorme quantidade de leis para desviar a atenção do público da falta de atividade essencial dos órgãos governamentais, e a programação de crimes é tão extensa que seria necessário um contingente policial do tamanho da população investigada para punir todos os que praticam as condutas criminosas previstas no Código Penal e na legislação especial (lesão corporal culposa, difamação, falsidade ideológica, furto etc.).

A visão penal **garantista** preconiza reduzir bastante a quantidade de crimes previstos (direito penal mínimo) e aumentar ao máximo as garantias processuais penais, porque o Estado, com todo o seu aparato, torna-se um verdadeiro gigante diante das pessoas individualmente. Por exemplo: Alfonso é preso por diversos policiais e, em seguida, levado para interrogatório diante de um delegado de polícia. Então, é acusado por um integrante do Ministério Público, interrogado por um juiz etc. Diante desse quadro, devem ser realmente efetivas as garantias processuais, como o direito ao silêncio, o direito de entrar em contato com familiares e um advogado e o direito de não ter contra si produção de prova ilícita, como a derivada de escuta telefônica ilegal. Algumas ideias do garantismo são compatíveis com os princípios da legalidade, da subsidiariedade, da fragmentariedade e da lesividade.

Outra questão apontada pelo garantismo é o respeito aos direitos humanos, conforme previsto na Constituição Federal (direitos fundamentais), e estes devem ser os pilares do direito penal e processual penal.

A crítica que se faz ao garantismo é a de que as garantias procuradas no sistema penal só atingiriam efetivamente as pessoas privilegiadas economicamente, pois só elas podem contratar advogados e peritos mais preparados e utilizar o poder para se proteger. Se a crítica é verdadeira, não há razão para não se buscar estender as garantias a todas as pessoas.

9.5 Fundamentos da culpabilidade

A culpabilidade é um elemento fundamental para o estabelecimento da responsabilidade penal de cada um. Assim, passou por vários estágios históricos e várias realidades, conforme as diferentes culturas mundiais. Para você compreender bem esses contextos, analisaremos, a seguir, os diferentes aspectos que envolvem ou envolveram a culpabilidade e seu conceito atual.

9.5.1 Responsabilidade objetiva, princípio da culpabilidade e culpabilidade

Na Antiguidade, era muito comum as pessoas serem punidas por ocasionarem algum tipo de prejuízo, independentemente de sua vontade (Bacila, 2015b). Na Babilônia, se um arquiteto ou um pedreiro construísse uma casa e ela caísse em decorrência de um vendaval, causando a morte do filho do proprietário, matar-se-ia também o filho do pedreiro ou do arquiteto (Bacila, 2015b). Isso era denominado **responsabilidade objetiva**, porque não importava se havia dolo, culpa ou nenhum dos dois; para que o indivíduo fosse punido, bastava ter causado mau resultado.

Posteriormente, esse método foi atenuado pelo **princípio versari in re illicita**, segundo o qual o sujeito não deveria se envolver com qualquer coisa ilegal, sob risco de ser responsabilizado por tudo que dali decorresse. Por exemplo: se Alfonso arrombasse uma casa, apanhasse as joias e partisse e, mais tarde, uma estranha, Francine, aproveitasse a oportunidade para entrar e matar a moradora, Cecília, então ele responderia também pelo homicídio, afinal, envolvera-se com algo ilegal e deveria arcar com todas as consequências, ainda que isso não fosse pretendido, esperado ou previsto.

No livro *Criminologia e estigmas* (Bacila, 2015b), explicamos porque parte da Igreja, com a conivência do Estado e de grande parte da sociedade, realizou uma enorme investigação do pensamento das pessoas (subjetivação) e de sua maneira de ser. Essa investigação acarretou a punição em decorrência do comportamento baseado na crença, na ideologia e na esperança de um mundo que não fosse consolidado unicamente pelos ditames dos intérpretes religiosos, algo que pode ser explicado pelo enorme controle imposto aos indivíduos da época e pela quantidade de riquezas e poder que se obtinha com essa manipulação.

Inobstante, com o advento do Iluminismo, o aspecto subjetivo foi valorizado, pois a punição poderia ocorrer em conjunto com a vontade (aspecto subjetivo) e a conduta em seu aspecto material, bem como se configurada a infração de um dispositivo penal. Logo, o século XVIII marcou a valorização de dois aspectos: o objetivo (material, exterior, físico e concreto) e o subjetivo (a mentalização do crime).

No século XIX, Francesco Carrara (1805-1888) sintetizou o novo estágio dos requisitos para a caracterização do crime, isto é, a responsabilidade penal baseada em um mínimo de vínculo psíquico (aspecto subjetivo) entre o agente e o resultado (aspecto objetivo) previsto na lei como crime (princípio da legalidade).

Atualmente, quando falamos do princípio da culpabilidade, referimo-nos à responsabilidade penal fundamentada, no mínimo, no dolo ou na culpa* (aspecto subjetivo), pressupondo um vínculo mental entre o agente e o resultado causado

---

* Incluindo a culpa, porque o agente quer infringir um dever de cuidado.

e previsto na lei. A exigência desse aspecto subjetivo mínimo corresponde ao princípio da culpabilidade, que é reconhecido em nossa legislação: "Pelo resultado que agrava especialmente a pena, só responde o agente que o houver causado ao menos culposamente" (art. 19 do Código Penal – Brasil, 1940).

A seguir, analisaremos a culpabilidade que inicialmente conferiu o nome ao princípio da culpabilidade, cuja definição considerava somente o vínculo psíquico referente ao conceito de crime, principalmente no início do século XX. Como a teoria finalista da ação trata do dolo e da culpa no tipo, a culpabilidade esvaziou-se muito da subjetividade e tornou-se mais objetiva, o que não invalida o importante princípio da culpabilidade.

9.5.2 Princípio da culpabilidade

No final do século XIX, se um professor entrasse na sala de aula do curso de Direito e explicasse a culpabilidade como elemento constituinte do conceito de crime, provavelmente explicaria que ela constitui o vínculo psíquico entre o autor e o crime e, portanto, que é integrada de dolo e culpa, bem como esclareceria que a capacidade mental ou imputabilidade é pressuposto da culpabilidade – isto é, um sujeito com doença mental não seria sequer tratado de acordo com esse princípio.

Até 1905, falava-se de crime como ação antijurídica e culpável, sendo a antijuridicidade considerada aspecto material que contrariava o direito. A culpabilidade era considerada exclusivamente um vínculo psíquico contendo dolo e culpa. Por ter somente subjetividade em seu conceito, era chamada de *teoria psicológica da culpabilidade* ou *teoria simples*. Ao passo que a antijuridicidade (e, posteriormente, também o tipo) era considerada o aspecto material do crime, a culpabilidade era concebida exclusivamente como aspecto subjetivo.

Entretanto, alguns problemas foram detectados nessa concepção, em especial por Reinhard Frank (1860-1934)*, no ano de 1907. Em primeiro lugar, uma pessoa com transtorno mental não deixa de desejar realizar um tipo ou de agir com imprudência. Logo, a imputabilidade não deveria ser pressuposto da culpabilidade, mas um elemento integrante dela. Outro problema que surgiu na época foi a urgência em explicar um estado de necessidade que não excluísse a antijuridicidade, mas a culpabilidade (**estado de necessidade exculpante**), visto que não era mais possível explicá-la somente pelo conceito de dolo ou culpa, pois quem praticasse um aborto para salvar a gestante (na época, não se excluía, nesse caso, a antijuridicidade) sabia o que estava fazendo e, portanto, atuava com dolo. Havia também a falta de explicação do vínculo psíquico na culpa inconsciente, pois com a manutenção somente do dolo e da culpa na culpabilidade não se explicava qualquer vínculo**.

Diante desse cenário, Frank fez uma consideração da culpabilidade com três elementos: (1) normalidade mental do sujeito (imputabilidade); (2) concreta relação psíquica do sujeito com o fato (dolo ou culpa) ou possibilidade de relação do sujeito com o fato (aqui começa o potencial conhecimento do ilícito); (3) normalidade das circunstâncias em que atua o sujeito.

Frank também definiu a culpabilidade como reprovação ou censura da pessoa pela conduta praticada (Roxin, 1997), perspectiva que ficou conhecida como *teoria normativa da culpabilidade*. Isso porque não se tratava mais apenas de "vínculo psíquico", mas também de uma avaliação da aceitação ou não da ação diante do direito, isto é: Seria exigível do

---

* Reinhard Frank foi um importante penalista no início do século XX, o qual criou a teoria normativa da culpabilidade (Donna, 2002).
** Veja essa questão em Roxin (1997, p. 795).

sujeito comportar-se conforme a norma jurídica? Se a avaliação da culpabilidade passou a ser feita olhando-se para o sujeito e para a norma, verificando-se a situação concreta do caso e da pessoa e a possibilidade de exigência de cumprimento ou não da norma, então, passou-se a ter uma teoria normativa da culpabilidade, e não mais uma teoria psicológica.

O início dos estudos de Frank sobre a culpabilidade normativa teria ocorrido em 1900, quando ele retomou no tribunal alemão o caso de um cocheiro que recebeu a ordem do patrão de atrelar um cavalo assustado a uma carruagem. O empregado havia avisado o patrão do risco de lesionar alguém, mas recebeu uma resposta firme de que perderia o emprego se não executasse a tarefa. Como, naquela época, a fome e a miséria rondavam a população, o medo de perder o emprego e sofrer necessidades o levou a obedecer a ordem. Então, durante o trajeto, o cavalo se assustou, como previra o cocheiro, e lesionou o braço de uma pessoa. Embora o tribunal tenha condenado o cocheiro por crime culposo, Frank argumentou que, diante das circunstâncias, não se poderia reprovar o cocheiro, valorando-se o caso como uma ausência de possibilidade de atuar de outra forma. Posteriormente, em 1907, Frank publicou uma obra sobre culpabilidade que mudaria a concepção sobre o assunto (Donna, 2002).

James Goldschmidt (1874-1940) e Berthold Freudenthal (1872-1929) avançaram um pouco mais no estudo de Frank, no sentido de que a inexigibilidade de outra conduta deveria ser causa geral de exclusão de culpabilidade. Goldschmidt (2002) estabeleceu uma diferença entre a **norma jurídica** (ou norma de ação), relativa à conduta exterior, e a **norma de dever** (exigência para o indivíduo motivar-se conforme o direito).

Goldschmidt (2002) dizia que a única causa de exculpação é a "motivação anormal". A doutrina da época empregava, nesse caso, outro exemplo muito bom: com receio de perder o emprego, que era sua única forma de sustento, uma mãe deixava sozinho em casa seu filho de três anos para ir trabalhar, entendendo-se que não havia negligência relativa ao perigo de ele se machucar porque não havia outra possibilidade para ela (Goldschmidt, 2002).

Como a culpabilidade daí decorrente continha elementos psíquicos e normativos, foi denominada por alguns como *teoria psicológico-normativa*. Temos aí uma teoria que pode ser designada como *complexa*, pois apresenta elementos subjetivos e objetivos. Entretanto, com o desenvolvimento da teoria finalista da ação e o tratamento do dolo e da culpa no tipo, denominou-se essa concepção de culpabilidade como *teoria normativa pura*.

9.5.3 Outras visões sobre culpabilidade

Para Claus Roxin (1997), o conceito de *crime* não se esgota na análise dos elementos de ação, tipicidade, antijuridicidade e culpabilidade, pois também é necessário incluir o conceito normativo de *responsabilidade*. Isso significa que, além de reprovável (culpável), o sujeito pode ser considerado **responsável**. Além disso, o autor considera que a culpabilidade é uma condição necessária, mas não suficiente.

Há de se verificar que a responsabilidade do sujeito, que ocorre em razão da necessidade preventiva da pena, não existiria se, embora o sujeito fosse culpável, a lei não previsse uma aplicação da pena. Roxin (1997) exemplifica essa questão com um caso de excesso na legítima defesa em que, embora exista culpabilidade, a lei penal alemã não considera necessário aplicar a pena. Não haveria, assim, prevenção especial a ser perseguida pela pena no sentido de se evitar crimes no futuro que poderiam ser praticados pelo agente (Roxin, 1997). Diante dessa perspectiva, a culpabilidade funcionaria como um pressuposto da punibilidade como limite ao poder punitivo do Estado, mas não seria o único critério, pois a responsabilidade atenderia à necessidade pública de prevenção (Roxin, 1997). Por exemplo, imagine que Eliot está sendo atacado por Alfonso, que dispara tiros contra ele. Acontece que Eliot reage e, durante sua defesa, Alfonso cai ferido e desiste de prosseguir na agressão a Eliot. Este, perturbado, dispara mais um tiro em Alfonso quando já havia cessado a atualidade da agressão. Roxin diria, baseado na legislação alemã (que é distinta da nossa), que, se existe uma fundamentação para punir (a culpabilidade fundamentaria a pena), não existe razão para aplicar a pena por falta de necessidade preventiva (a aplicação de uma sanção a Eliot estaria vedada na legislação alemã porque não haveria prevenção de futuros crimes em caso de excesso na legítima defesa).

Porém, vale mencionar que, para Günther Jakobs, a culpabilidade tem uma **função específica**, que é a de prevenção geral ou de fidelidade ao direito, de estabilização da confiança ao ordenamento jurídico perturbado pela conduta criminosa (Roxin, 1997). Logo, a culpabilidade adquire, para Jakobs (citado por Roxin, 1997), aspectos não tão apegados aos postulados aqui apresentados.

9.5.4 Complexos fundamentos da culpabilidade

Um dos temas mais árduos da culpabilidade é o próprio fundamento. Estariam as pessoas livres para decidir entre a prática de um crime ou não (livre-arbítrio), como sustentava a escola clássica? Ou seriam elas determinadas por fatores físicos, sociais, ambientais e outros (determinismo), como afirmavam os positivistas (Lombroso, Ferri, Garofalo etc.) e outras correntes sociológicas? Quem sabe seríamos em parte livres e em parte determinados.

Se adotássemos a ideia de que somos completamente determinados a praticar crimes ou a escolher a pessoa amada ou o sabor da *pizza*, teríamos de aceitar que somos verdadeiros fantoches, completamente manipulados por forças externas que não dominamos. Aceitando ainda essa hipótese determinista, não teriam valor nossas conquistas pessoais, pois seriam obra da causalidade (que não dominamos), mas também não poderíamos receber críticas pelos crimes praticados, pois também não teríamos poder de decisão sobre eles.

Por outro lado, a ideia de que somos completamente livres para decidir, de que temos livre-arbítrio e somos donos do próprio nariz também não é isenta de objeções. Somos influenciados por inúmeros fatores, os quais podem ser exemplificados ao infinito. Assim, por exemplo, uma dor de dente, um problema hormonal ou uma doença mental poderia levar Alfonso a não ter paciência com Drusila e a beliscá-la, por conta de uma brincadeira irritante feita por ela. Mas nem todos agem assim. Cecília, por exemplo, fica triste e chora por causa da provocação de Drusila. Outro fator que pode influenciar muito a prática de um crime é a esfera social. Se Eliot vive em um bairro violento, onde jovens são estimulados a viver sob o influxo de drogas e delitos contra o patrimônio, isso pode ou não influenciá-lo, ou seja, Eliot pode não ser usuário e não praticar tráfico ou roubo e, assim, seguir um caminho honesto e repleto de bons valores sociais.

Logo, estamos diante de um paradoxo ou de aparentes contradições. A física vive problema semelhante. Einstein tratou de algumas teorias sob certo fundamento, querendo explicar a causalidade de determinados processos físicos; Max Planck adotou outra fórmula, concebendo a falta de motivos para tais fenômenos. E ambos estavam certos.

Então, não podemos aceitar o determinismo, pois negaríamos qualquer iniciativa humana. Contudo, também não podemos afirmar que traumas e alegrias, heróis e bandidos, pai e mãe ou notícias agressivas não atuam sobre nossas personalidades. Por isso, é necessário que a culpabilidade encontre um meio-termo, uma espécie de solução prática que permita a fundamentação para a sanção, mas sem o desconhecimento da responsabilidade social, física, química, psicológica e do que se denomina *coculpabilidade*, que é a responsabilidade do Estado em deixar de aplicar políticas que permitam a autorrealização das pessoas.

Enfim, quando tratamos da culpabilidade, indagamos se o sujeito **poderia atuar de outro modo** ou poderia **motivar-se a agir de outro modo**, e só podemos fazer tal pergunta se aceitarmos que a pessoa concreta que está sendo julgada tem livre escolha (Roxin, 1997). Diante da impossibilidade humana de somar todas as influências infinitas que pairam sobre o sujeito e, consequentemente, de se desvendar para onde ele seguirá, é mais prudente adotar uma concepção que seja uma síntese entre o **livre-arbítrio** (indemonstrável) e os **fatores determinantes** (indemonstráveis). Em suma, é preciso adotar uma concepção pragmática que aceite a possibilidade de agir de outro modo (quando for o caso), mas que também pondere as infinitas influências que sofremos e nos levam a praticar determinados atos. É preciso considerar esses fatores para aplicar a pena ou até para eliminá-la em situações extremas.

9.5.5 Culpabilidade pelo fato e culpabilidade pelo autor

A culpabilidade pelo fato responsabiliza o autor pela prática da ação típica, antijurídica e culpável (tipo de fato), e não por sua vida passada ou pelo estigma que carrega. Ela considera a conduta isolada para punir, tendo como fundamento o livre-arbítrio (vincula-se às teorias retribucionistas ou absolutistas). Por outro lado, a culpabilidade do autor tem como pressuposto o determinismo, isto é, a conduta de vida e o caráter da pessoa, ou, em termos práticos, o rótulo que marca o sujeito: traficante, estelionatário, ladrão etc. Dessa forma, esse princípio pretende punir em razão da personalidade, fato que se liga às teorias de prevenção especial da pena.

O Brasil adota o critério do tipo de fato, que é muito mais democrático e garante direitos fundamentais. Analisa-se, como base única para a aplicação da pena, a ação típica, antijurídica e culpável no momento em que ela ocorreu, embora seja levada em consideração para aumento ou diminuição da pena a personalidade do condenado, o que nos leva a concluir que o critério da culpabilidade do autor aplica-se somente de forma residual no sistema criminal brasileiro.

9.5.6 Princípio da coculpabilidade

Segundo esse princípio, não devemos analisar somente a culpabilidade do réu, mas também sua experiência de vida na sociedade e as oportunidades que teve diante do quadro social e do Estado. Esse princípio parte da ideia de que pessoas com amplas oportunidades de educação e trabalho não podem receber a mesma reprovação dada a pessoas que não tiveram muitas alternativas de ocupação lícita digna (Batista, 1996).

Nas páginas iniciais desta obra, apresentamos a crítica de Marat às ideias da igualdade da lei perante todos. Diante dessa perspectiva, outro princípio que deriva da discussão da coculpabilidade é o **princípio da igualdade ou isonomia**, previsto no art. 5º, *caput*, da Constituição Federal, que pode ser interpretado como o tratamento igual de casos e pessoas iguais e tratamento desigual de casos e pessoas desiguais* (Ramos, 1991).

> **Para saber mais**
>
> Para aprofundar seus conhecimentos sobre os princípios do direito penal, recomendamos a consulta às obras indicadas a seguir.
>
> BACILA, C. R. **Introdução ao direito penal e à criminologia**. Curitiba: InterSaberes, 2017.
>
> BACILA, C. R. **Teoria da imputação objetiva no direito penal**. Curitiba: Juruá, 2008.

---

* Sobre o assunto, veja Ramos (1991, p. 24).

Síntese

Neste capítulo, analisamos os fundamentos do sistema penal e da política criminal. Constatamos que esta deve estar próxima e vinculada à criminologia, ambas as áreas se apoiando mutuamente para o benefício da sociedade.

Também examinamos um dos temas fundamentais do direito penal, o qual apresenta padrões básicos para a criminologia: o princípio da culpabilidade. Trata-se de uma responsabilidade penal baseada no dolo ou na culpa, a qual se diferencia da culpabilidade na qualidade de integrante do conceito de crime.

Esclarecemos também como se desenvolveu o complexo conceito de culpabilidade na doutrina penal, levando-se em consideração os temas da criminologia relacionados aos conceitos de livre arbítrio e de determinismo.

Outro ponto importante que abordamos foi o tipo penal (de fato e de autor), que envolve concepções democráticas ou autoritárias ligadas à legislação penal.

Finalmente, tratamos da questão da responsabilidade social e estatal diante da pessoa e da coculpabilidade com relação ao delito. Nesse sentido, indicamos o quanto a sociedade e o Estado se omitiram na educação, na assistência e nos demais cuidados com o indivíduo e o quanto isso pode ter contribuído com o crime.

Questões para revisão

1) O fator que mais tem colaborado para a violação do princípio da legalidade é:
   a. o garantismo.
   b. a responsabilidade objetiva.

c. o estigma.
d. a idade da maioridade penal.

2) As leis penais só devem ser criadas para condutas que lesam (causam danos a) ou colocam em risco bens jurídicos. Trata-se do princípio da:
   a. fragmentariedade.
   b. legalidade.
   c. culpabilidade.
   d. lesividade.

3) Reinhard Frank, importante penalista do início do século XX, criou:
   a. a teoria normativa da culpabilidade.
   b. a teoria simples
   c. a teoria normativa pura.
   d. a teoria psicológica da culpabilidade.

4) O que são metarregras? De que maneira elas podem prejudicar o princípio da legalidade?

5) Explique a visão penal garantista.

Questões para reflexão

1) Cite e explique, pelo menos, duas teorias referentes à culpabilidade, destacando suas principais diferenças.

2) Explique o que é princípio de coculpabilidade e de que maneira ele se associa à ideia de garantismo.

X

Conteúdos do capítulo:

» Adolescente infrator.
» A dependência de drogas.
» Dilemas da polícia para atender à população.
» Criação do Primeiro Comando da Capital (PCC).
» Remotas origens da discriminação entre ricos e pobres.
» Caminhos para a segurança pública atender à população com excelência.
» Proteção individual ou autoproteção.
» Autoproteção comunitária.

Após o estudo deste capítulo, você será capaz de:

1. analisar importantes temas da política criminal que afetam diretamente nossa sociedade;
2. avaliar uma ideia organizada para a segurança pública encontrar seu caminho no Brasil;
3. reconhecer a importância de um plano escalonado;
4. compreender a relevância da proteção individual, da autoproteção comunitária, do fortalecimento nacional e do investimento em educação.

Temas sociais pertinentes à política criminal

Apresentamos até aqui alguns conceitos fundamentais da criminologia e a luta de ideias nessa área. Conforme demonstramos, a política criminal ocupa-se das medidas estatais de prevenção e controle do crime, mas deve ser exercida com base em um modelo de proteção dos direitos humanos, e não a qualquer custo.

Por isso, neste capítulo, avaliaremos melhor o debate sobre a política criminal, tendo em vista temas como os prejuízos provenientes da dependência em drogas e os bens jurídicos que lhes são relacionados, a discriminação entre classes, as infrações cometidas por menores de idade e as investigações incompletas ocasionadas pela desorganização estatal. Por fim, apresentaremos algumas sugestões para a segurança pública ser mais eficiente.

10.1 Apontamentos sobre a questão do adolescente infrator

Atingir a maioridade penal significa ter a possibilidade de responder pela prática de condutas criminosas, segundo as penas previstas no Código Penal*. A partir do dia em que completa 18 anos, o brasileiro já se torna imputável, isto é, capaz de sofrer sanção penal.

Em outras palavras, a lei considera "inimputável" – sem capacidade mental para responder pelo crime**, objetivamente – aquele

---

* O art. 27 do Código Penal estabelece: "Os menores de 18 (dezoito) anos são penalmente inimputáveis, ficando sujeitos às normas estabelecidas na legislação especial" (Brasil, 1940).

** *Inimputável* é a pessoa que não tem capacidade de compreender o caráter ilícito de sua conduta ou de se autodeterminar conforme esse entendimento. Significa o oposto de *imputável*.

que ainda não completou 18 anos. Isso não significa que esse indivíduo não possa responder por ações que equivalem a crimes, pois há outra lei que regula o assunto, a qual foi criada especialmente para essa faixa etária – levando-se em conta, certamente, o desenvolvimento mental ainda incompleto: trata-se do **Estatuto da Criança e do Adolescente – ECA** (Lei n. 8.069/1990).

As medidas previstas no ECA são próprias para a faixa etária em questão e consistem em: encaminhamento aos pais ou responsáveis, mediante termo de responsabilidade, orientação, apoio e acompanhamento temporários; matrícula e frequência obrigatória em estabelecimento oficial de ensino fundamental; inclusão em programa comunitário ou oficial de auxílio à família, à criança e ao adolescente; requisição de tratamento médico, psicológico ou psiquiátrico, em regime hospitalar ou ambulatorial; inclusão em programa oficial ou comunitário de auxílio, orientação e tratamento a alcoólatras e toxicômanos; abrigo em entidade e colocação em família substituta (Brasil, 1990, arts. 101 e 105).

Como é possível perceber, as crianças e os adolescentes não estão livres para fazerem o que quiserem, como é o caso de agressão às pessoas. Estas, por sua vez, podem defender-se de forma moderada e proporcional à violência, e o Estado deve aplicar as medidas previstas no ECA.

Atualmente, há uma grande discussão a respeito da **diminuição da maioridade penal** para 16 anos. Ora, essa solução seria viável apenas em um país que pretendesse "lavar as mãos" com relação à educação e ao amparo de crianças e adolescentes. As prisões estão superlotadas, assim como as casas que abrigam adolescentes infratores. Diminuir a maioridade para 16 anos é apenas uma solução ilusória, que serve somente para enganar a população com base na ideia de que eles estarão "pagando pelo que fizeram".

Na verdade, os adolescentes que praticaram condutas graves podem ser "presos" em estabelecimentos previstos pelo ECA – o crime e a contravenção para o adulto equivalem ao ato infracional previsto no art. 103 do ECA. O Estado precisa efetivamente assumir sua responsabilidade e cuidar de todos os desamparados socialmente. "Lavar as mãos" nunca resolveu nada. O que se pode estudar, com debate aberto em todos os meios sociais, é a possibilidade de **aumentar o tempo de internação de adolescentes** que pratiquem condutas equiparadas a crimes graves.

Atualmente, o período máximo de internação de um adolescente é de três anos. Efetivamente, para os crimes mais graves, que sujeitam adultos a uma pena máxima de 30 anos, não parece proporcional nem pedagógico limitar a internação do adolescente a um máximo de três anos. Deve-se, em casos graves, prever a internação por um prazo maior e em estabelecimentos adequados. Contudo, essa possível alteração, conforme já dissemos, deve ser bastante discutida na sociedade. A ausência de penas e medidas socioeducativas para crimes proporcionalmente mais graves, como latrocínio, estupro, homicídio e extorsão mediante sequestro, conduz a um estado de verdadeira inoperância estatal na área de maior gravidade do direito, que é a criminal. Pior do que isso seria a ausência total de pena; afinal, conforme já esclarecemos, a ausência de intervenção estatal em casos muito graves leva à vingança privada individual e coletiva.

10.2 Mentiras sobre a dependência de drogas, o *crack* e a criminalidade

Basta experimentar uma vez e pronto: o corpo se tornará quimicamente dependente. A dependência do *crack* é uma das formas mais violentas de escravidão mental. No início, poucas pedrinhas são colocadas em uma espécie de cachimbo ou, até mesmo, em um cigarro de maconha (*cabralzinho*); em seguida, vem o entorpecimento, que dá muita energia e disposição para o usuário.

Contudo, com o passar dos dias, as poucas pedrinhas não são mais suficientes. A seguir apresentamos alguns exemplos do que o vício em *crack* pode fazer.

Experiência profissional

Remo, um empresário que conheci (cuja identidade está protegida), resolveu experimentar uma única pedrinha de *crack* e tornou-se dependente. Ao tentar assaltar à mão armada uma mulher em um posto de gasolina, facilmente foi preso, pois um cliente o reconheceu e ligou para a polícia.

Após a detenção, ele me contou: "Fumei todo o meu patrimônio, doutor. Fumei casa, carro, economias, empréstimos. Cheguei a fumar, em um dia, 70 pedras de *crack*".

Isso mesmo. Com o tempo, uma única pedra não é mais suficiente. Isso se chama **tolerância**, que leva o dependente a consumir cada vez mais pedras para ter a mesma energia ou satisfação do primeiro uso. Evidentemente, o organismo só aguenta até certo limite, e então a *overdose* leva à morte.

> ## Experiência profissional
>
> Fazendo pesquisa de campo durante dois anos em um plantão policial que atendia às ocorrências mais graves da madrugada, consegui obter um panorama do *crack* e da criminalidade.
>
> Drusila foi presa porque estava tentando furtar um equipamento de som no pátio de uma igreja. O pastor chamou a polícia e foi pessoalmente testemunhar na delegacia. Conversando sozinho com ela, fiquei estarrecido com a revelação: ela era uma ex-policial, demitida pela dependência do *crack*. Agora, vivia nas ruas, dormindo ao relento e praticando pequenos delitos para comprar mais pedras de *crack*. Ela pretendia vender a caixa de som para fumar mais pedras.
>
> Já Anastácia foi surpreendida vendendo pedras de *crack*. Logo, aos olhos da lei, ela era uma traficante de drogas, não uma ex-professora do ensino público que arruinou sua vida por conta da dependência do *crack*.

O perfil do dependente de *crack*, conforme é possível perceber, nada tem a ver com a ideia lombrosiana de uma pessoa com problemas físicos ou mentais. Trata-se de indivíduos de todos os perfis que acabaram desenvolvendo uma compulsão que lhes desorganiza a vida totalmente. Por outro lado, o conceito de livre-arbítrio da escola clássica não responde aos problemas concretos observados nos exemplos citados. Se as metarregras de suspeito, perigoso e não confiável caracterizam o aspecto subjetivo do estigma, no aspecto objetivo temos o uso e a posse da droga, marcas de agulhas, fossas nasais lesionadas, pupila dilatada, euforia decorrente da abstinência, doenças desenvolvidas etc.

O fato é que os estigmas de viciado, morador de rua e suspeito em nada auxiliam a sociedade a resolver o problema, muito menos ajudam o dependente químico a sentir-se acolhido. Esses estigmas tornam a sociedade ainda mais distante, visto que, geralmente, as soluções apontadas, como a criminalização do dependente, seguem pela vertente da limpeza social. Podemos denominar isso de *controle estético do problema*, ou seja, encaminhar para atendimento estritamente policial o dependente de drogas que pratica pequenos delitos. Tira-se a pessoa das ruas por um tempo, mas não se almeja realmente uma solução efetiva. O controle estético é vazio de conteúdo.

Experiência profissional

O caso mais chocante que presenciei foi o de Aline, presa em flagrante por tentar furtar de um supermercado, escondidas sob as roupas, duas peças de picanha. Quando ela chegou à delegacia, notei que estava em gestação bastante adiantada. Falei para ela: "Não me venha dizer que você tentou levar essas picanhas para comer. Poderia ter sido uma carne mais barata". Então, Aline me confidenciou:

— Na verdade, doutor, eu queria trocar essas duas picanhas por pedras de *crack* para fumar.

— Mas você está grávida! Onde está o pai da criança?

— Não sei. Foi embora. E ainda tem mais três crianças em casa sozinhas esperando um prato de comida.

E ela estava falando a verdade. Quando a levamos para a cozinha da delegacia, havia alguns sanduíches com manteiga, queijo e presunto. Ela comeu vários, um atrás do outro. Parecia que não se alimentava há dias.

Pouco depois, Eliobates pediu para falar comigo na delegacia.

— Doutor, você precisa prender meu filho. Ele está com síndrome de abstinência (estado de desespero que o dependente fica quando falta a droga).

— Não posso fazer isso – respondi.

— Você tem de prendê-lo, pelo amor de Deus. Ele quebra tudo, bate na mãe, fica incontrolável...

— Mas hoje ele fez alguma coisa?

— Ainda não, mas vai fazer...

Eliobates começou a chorar.

Esses são apenas alguns exemplos das dezenas de casos que presenciei durante dois anos: ônibus invadidos, farmácias assaltadas sem armas, pessoas abordadas com ameaça inofensiva e tráfico de drogas para sustentar o vício.

Estimo que cerca de 90% das ocorrências da madrugada estava relacionada a dependentes de *crack* que praticavam delitos desorganizados com um único propósito: adquirir mais pedras para fumar e acabar com a tremedeira e o agito da síndrome de abstinência.

De cada dez presos, oito ou nove estavam ligados à dependência de *crack*. Isso significa que 80% ou 90% das vagas para presos do sistema penal estavam ocupadas por dependentes de *crack* que, no desespero para obter a droga, praticavam delitos.

A Lei de Drogas, com seus setenta e poucos artigos, muitos deles aludindo expressamente a direitos humanos, prevê o tratamento e até a absolvição do dependente de drogas que pratica delito. O juiz deve determinar a perícia. Ao ser constatada a total dependência da droga, deve-se absolver aquele que praticou o crime e determinar sua internação forçada para tratamento.

Mas quando seriam indispensáveis o tratamento médico e os serviços do juiz, do promotor, do psiquiatra, do assistente social, enfim, dos peritos? No momento da prisão, quando a pessoa detida costuma ser mais espontânea e, consequentemente, admitir a dependência, até mesmo o fato de sofrer os sintomas da abstinência. Enfim, nesse momento as instituições públicas (juiz, promotor etc.) poderiam atuar em prol da sociedade e do ser humano em estado de miséria. Mas não. No instante da prisão, estão presentes apenas policiais, sem nenhum apoio das instituições que deveriam aproveitar a oportunidade para internação compulsória legítima, isto é, quando o dependente passa a ameaçar os outros.

Qual é o resultado disso? O dependente de *crack* é preso e tratado como um criminoso comum. É trancado em uma cela com homicidas, assaltantes profissionais e estelionatários. Apenas meses depois é feito o exame de sangue, e, logicamente, constata-se que o indivíduo não consome *crack* desde que foi preso. Por esse motivo, sugerimos que

> *aquele(a) que pratica delitos cuja pena é de reclusão e está dependente do uso de droga não seja encarcerado logo após a lavratura do flagrante, mas imediatamente encaminhado para tratamento obrigatório por um tempo mínimo de um a três anos, prorrogável ano a ano se a periculosidade não cessar. Se a pena cominada para o delito que o(a) dependente praticou for de detenção, então, pode-se fazer tratamento ambulatorial. Para tanto, é necessária a presença judicial, do ministério público e advocacia, além de pareceres multidisciplinares durante a autuação em flagrante, para se garantir a ampla defesa.*

> *A internação seria imediatamente determinada pelo juiz em sentença sumária de absolvição, cabível o recurso de apelação.* (Bacila; Rangel, 2015, p. 153)

Caso não seja possível a sentença imediata em razão de instrução mais complexa – evidentemente que o devido processo legal deve ser observado –, temos de sustentar a medida cautelar de internação para proteção do dependente da droga e da sociedade (proteção de bens jurídicos).

Para saber mais

Para saber mais sobre o problema das drogas no Brasil, tanto no aspecto jurídico quanto criminológico, realize a leitura do livro a seguir.

BACILA, C. R.; RANGEL, P. **Lei de drogas**: comentários penais e processuais penais. 3. ed. São Paulo: Gen-Atlas, 2015.

10.3 O dilema do policial para atender a população

Institucionalmente, a polícia deve estar voltada para o cumprimento da legalidade e dos direitos fundamentais (Valente, 2009; Bacila, 2002). O papel da atividade policial foi muito bem sintetizado por Aury Lopes Jr. (2003, p. 50), o qual afirma que a

> *investigação preliminar também atende a uma função de natureza sociológica ao assegurar a paz e a tranquilidade social, pela certeza de que todas as condutas*

possivelmente delitivas serão objeto de investigação. Essa garantia, de que não existirá impunidade, manifesta-se também através da imediata atividade persecutória estatal.

Outra garantia proporcionada pela investigação isenta é mencionada por Paulo Rangel (2013, p. 71), no sentido de que ela deve evitar a "instauração de uma persecução penal infundada por parte do Ministério Público diante do fundamento do processo penal, que é a instrumentalidade e o garantismo penal".

Partindo-se do pressuposto da legalidade e lisura institucional mencionadas, temos de considerar que a pergunta e o foco sobre a polícia devem pautar-se na prestação de serviço que se espera dessa categoria e na forma como a sociedade irá contribuir para isso acontecer.

Preste atenção!

Dezenas de mulheres foram assassinadas de maneira bastante estranha nas duas últimas décadas na região metropolitana de Curitiba, especialmente em Colombo. Alguns crimes foram caracterizados pelo mesmo modo de agir (*modus operandi*) do criminoso e levam a crer que se trata de execuções pelo gênero, isto é, somente pelo fato de as vítimas serem mulheres. O número de casos é completamente desproporcional em relação às grandes capitais brasileiras. A maioria dessas ocorrências ficou sem solução.

Com efeito, não acontece em nosso país uma investigação sistemática de homicídios seriais, isto é, de crimes contra a vida praticados por assassinos em série (*serial killers*). A investigação desses casos fica por conta de um ou outro policial obstinado. Um desses casos de policial isolado que leva à sério homicídios seriais ocorreu em São Paulo, capital, e apontou para o maníaco do parque. O caso foi investigado e descobriu-se a pessoa que matou, pelo menos, 11 mulheres.

Uma questão básica quando ocorre um homicídio é o imediato isolamento do local e a chamada da equipe de criminalística para colher as provas: pegadas, cápsulas, projéteis, marcas, objetos, impressões digitais ou outros vestígios. Porém, quando a criminalística chega, encontra o local não preservado, o que prejudica as provas do crime.

A crença de que muitos casos envolvem acertos de contas entre traficantes, execuções policiais, dependentes de drogas, prostitutas e homoafetivos parece amenizar o interesse pela investigação séria e científica.

Infelizmente, quando a **vítima** é estigmatizada, desde o início algumas investigações são mal-feitas e contaminadas, a ponto de sempre se colocar em dúvida o resultado final. A consequência disso é que os homicidas ocasionais e, até mesmo, os *serial killers* ficam livres para procurar a próxima vítima, que pode ser qualquer pessoa.

Mas não é só isso. Quando criminosos ricos entram em ação, praticando desde um crime culposo no trânsito até um sofisticado golpe financeiro, os riscos são ainda maiores: a falta de preparo dos policiais para investigar somada ao risco de corrupção simplesmente confunde tudo.

Outro problema grave que temos de considerar é a corrupção da própria polícia, que constitui um dos principais fatores de atraso dessa instituição: a ótica do dinheiro vivo (em alguns casos) faz a administração policial não priorizar o que mais afeta a sociedade.

A população, com poucas exceções, é atendida conforme o *status*. Quando não vige a ótica do dinheiro, então o policial está imerso em preconceitos, como ocorreu no Caso Eloá, em Santo André, o qual foi estudado à luz da teoria dos estigmas como metarregras.

Por outro lado, os policiais não têm quase nenhum amparo institucional real. As promoções e os órgãos estratégicos estão, em muitos casos, ligados ao grupo político, e não à competência. Quando um dos muitos policiais dedicados tenta contribuir além das barreiras naturais da profissão, encontra outros empecilhos que não deveriam fazer parte das instituições policiais, conforme os problemas que analisamos aqui.

Para melhor desenvolver suas funções, o policial precisa de apoio, como assistência social e psicológica periódica, o que não ocorre. Os problemas adquiridos no dia a dia da profissão equiparam o policial ao soldado em tempo de guerra.

Inobstante, se pudéssemos dar uma sugestão para a melhoria de atuação na área policial, seria mudar o foco da divulgação dos erros e desvios para difundir um pouco mais as boas condutas diárias praticadas por servidores valorosos. Vimos o estrago que o estigma causa na sociedade, e tomar sempre por base um mal profissional para tratar da atividade policial aumenta o estigma sobre todos. Por óbvio, a polícia é essencial à sociedade. Então, é melhor pensar no modelo que se quer criar para a profissão, um modelo que seja espelho para crianças, jovens e adultos.

Policiais que fazem serviços relevantes, desde atos de bravura e investigações complexas até auxílios notáveis a pessoas da comunidade devem ser premiados com condecorações e suas condutas devem ser noticiadas para que esse modelo seja refletido na opinião pública, transformando, assim, o estigma do policial em modelo de profissão. Afinal, todos sabemos que o respeito social transforma o servidor público em servidor do bem público.

10.4 Consequências da inoperância das leis penitenciárias

Em 1993, foi fundado o maior pesadelo institucional do Brasil: o Primeiro Comando da Capital (PCC). Também conhecido como *1533* (a 15ª letra do alfabeto é o P e a 3ª é o C – repetido duas vezes), trata-se da maior organização criminosa do país.

Em 2001, o PCC promoveu rebeliões simultâneas em São Paulo e, em 2006, liderou a maior catástrofe do sistema penitenciário, ocasionada pela proibição de visitas no Dia das Mães.

Afinal de contas, você sabe o que criou as condições para a existência do PCC?

A tragédia anunciada do PCC foi precedida por um congresso ocorrido na década de 1970, no qual os burocratas discutiram como iriam **ressocializar** os presos. Contestamos a ideia de "ressocialização" por ela ser uma ilusão relacionada à pena privativa de liberdade, isto é, todos estamos sujeitos a uma ressocialização diária porquanto todas as medidas propostas pelos adeptos da ressocialização se encontram disponíveis na sociedade aberta: religião, trabalho, terapia ocupacional, lazer etc. Qualquer um de nós pode e deve melhorar na sociedade em que vive – trata-se de um processo geral. Logo, é desejável que meios de ressocialização geral sejam ofertados dentro da prisão.

Quanto mais competente for o diretor do presídio e de seus assessores, melhor será a perspectiva de reabilitação dos internos para a sociedade. Deveria ser uma política geral, implementada com criatividade e progresso nos presídios. No entanto, a questão é que – e aí reside nossa crítica – não se trata de um mecanismo específico, exclusivo ou intrínseco da pena. Então, nada que se faz no interior da prisão é especificamente "ressocialização do sistema prisional", mas meios utilizados na sociedade em geral. Logo, as principais medidas adotadas no cumprimento da pena deveriam ser a dignidade e o respeito dos direitos humanos. Cumprir a pena com dignidade é simples. Se o interno aproveitar os recursos de ressocialização geral da sociedade e também os disponíveis na penitenciária, melhor para ele e para a sociedade. Contudo, o que se via no sistema prisional era um amontoado de pessoas que sofriam até para respirar, visto que sobreviviam em pé nas cadeias e penitenciárias.

No mencionado congresso, os debates altamente teóricos e abstratos sobre ressocialização deixaram de considerar que, no fim, as pessoas precisam de dignidade. Para além disso, o preconceito com o preso era imenso. Afinal, ele era tratado como um ser inferior (dentro e fora do presídio), que precisava ser ressocializado. Afinal, ao se partir da ideia de que alguém precisa ser "ressocializado" (leia-se "melhorado"), determina-se que esse indivíduo não merece tratamento igual ao dos outros seres humanos, o que é uma questão ainda mais delicada do que o cerceamento de liberdade.

> ## Preste atenção!
>
> Na obra *Criminologia e estigmas* (Bacila, 2015b), há um exemplo que aproxima a ideia de ressocialização do preso com a de ressocialização do mendigo. Quando se tem a ideia absoluta de que o mendigo deve arrumar um emprego (mesmo que não queira), é possível perceber que o tratamento básico é saltado, isto é, embora haja o desejo de que esse indivíduo trabalhe, ele não recebe tratamento minimamente humano, como um cumprimento ou a oferta de um café ou sanduíche (em síntese, continua a ser tratado como alguém inferior). Da mesma forma, o Poder Público não pensa em políticas mínimas de atendimento ao mendigo. Isso ocorre porque ao se entender que tal pessoa "precisa encontrar um emprego para ser pleno", tem-se uma diminuição dela como ser humano, isto é, falta-lhe algo de humano – o tratamento é de **cima para baixo**.
>
> O mesmo ocorre com o preso, que, ao ser condenado, merece uma pena, mas não um tratamento de ser humano inferior. Logo, o discurso da ressocialização parece amigo, mas não é. Imagine que alguém diga para você que vai "ressocializá-lo". Seria ofensivo, não? É aceitável cumprir pena de forma digna, oferecendo-se mecanismos de ressocialização que estão disponíveis dentro e fora da prisão, mas essa não deve ser a "grande questão" da pena.

Em síntese, a sociedade passou a proferir um discurso purificador (ressocializador), mas permaneceu oferecendo, na prática, um tratamento desumano, ou seja, alimentou e criou seu inimigo. O estigmatizado recebeu tratamento de inimigo e, dessa forma, passou a agir como tal.

Esse ambiente foi ideal para que, no início da década de 1990, fosse constituído o PCC. Sob a liderança de Marcos William Camacho, conhecido como Marcola, o PCC aproveitou-se da linguagem própria dos presídios (subcultura), que valoriza seus iguais diante de reconhecimentos sociais que a grande sociedade não confere. Assim, ao passo que o preso é tratado como estigmatizado/inferior pela sociedade, na subcultura dos presos ele é valorizado pela "coragem" em assaltar um banco, por ter uma foto publicada no jornal, pela "habilidade" de explodir cofres e por ser integrante do PCC. A subcultura do preso valoriza internamente o indivíduo, e a comunidade externa desvaloriza a pessoa com o discurso vazio da "ressocialização".

Com o tempo, o PCC organizou-se, e, atualmente, conta com advogados, contadores e mensalidades pagas por seus associados, dentro e fora do presídio. Podemos concluir esse assunto com uma ironia: mandar alguém do PCC para a cadeia é o mesmo que encaminhá-lo para o escritório do crime. Esse é o poder do estigma: criar um inimigo desnecessário. Cumprir pena sim, mas tratamento degradante não.

Para saber mais

Recomendamos a leitura do livro a seguir, que trata dos estigmas, do desenvolvimento dos princípios mencionados e da história do sistema penal.

BACILA, C. R. **Criminologia e estigmas**: um estudo sobre os preconceitos. 4. ed. São Paulo: Gen-Atlas, 2015.

10.5 Quatro etapas para a segurança pública acertar o passo

Um dos temas mais primitivos e inerentes à espécie humana é a segurança pública. Quando os seres humanos viviam em tribos nômades, surgiram os primeiros problemas relacionados aos riscos pessoais de se viver em comunidade. Os crimes primitivos eram muito simples, porém bastante sensíveis aos nossos ancestrais muito distantes: furto, roubo, lesão corporal, homicídio, crime sexual etc. Um furto de galinha hoje é considerado uma conduta insignificante, porém, no passado, como as galinhas eram selvagens e levavam-se dias para capturá-las, perder uma galinha poderia representar passar fome. Por outro lado, não existiam delitos ambientais, relacionados a drogas e ao colarinho branco.

Nos tempos atuais, é importante destacar que todos temos motivos para nos preocupar com a criminalidade, sem exceção. Afinal, a criminalidade não respeita ideologia, credo, cor ou condição social.

Não é minimamente concebível aguardarmos mudanças políticas ou sociais para que a sociedade seja protegida do crime. Uma mudança de regime (ditatorial ou democrático), de política estatal ou econômica (direita, centro ou esquerda) ou educacional pode levar anos ou décadas para acontecer. As pessoas submetidas a um Estado instituído atualmente têm direito à vida, à integridade física e sexual, à liberdade, ao patrimônio adquirido honestamente etc. No entanto, enquanto não vivemos em um mundo melhor, em um Estado melhor, com uma política melhor, um sistema de governo melhor e uma economia mais justa, o direito a não ser vitimizado por crimes é maior e prioritário.

As vidas perdidas não serão repostas, por isso, é preciso que as pessoas tenham proteção agora. Além disso, temos de considerar que mesmo as pessoas que cumprem pena por seus crimes viverão melhor se não forem praticadas infrações contra si, como é o caso de tortura, homicídio e crimes sexuais ou contra familiares.

A prática de delitos viola **direitos humanos** de diversas naturezas e dimensões. Debater sobre esses direitos considerando-se somente o respeito a criminosos caracteriza a fragmentarização do universal, isto é, desconsidera-se que todos devem ter seus direitos respeitados – a luta de defesa dos direitos deve ser para todos, não somente para determinados autores de crimes. Todos ganham com um Estado que protege seus administrados e com uma sociedade que exige e faz cumprir as leis penais.

A criminologia acadêmica, sem compromisso com os direitos humanos, muitas vezes confunde a prática do crime com práticas de outras condutas não convencionais, mas que são inofensivas à sociedade. Por exemplo, aqueles que não trabalham, que não têm uma orientação sexual heteronormativa, que são *hippies* ou apresentam outros comportamentos que divergem dos da sociedade de consumo, como os descritos na **geração beat** de Jack Kerouac (2008), não apresentam condutas criminosas e não podem ser misturados no debate de crimes graves praticados contra pessoas genericamente, como tem feito grande parte da criminologia na academia. Dormir no banco de uma praça, consumir drogas, pichar um muro, fazer serenata durante a madrugada acordando os vizinhos ou pegar carona escondido em um trem podem ser ações inconvenientes, contudo, não se comparam a crimes graves que devem ter uma resposta estatal e social proporcionais para que a justiça seja feita – criando-se também, se possível, medidas preventivas.

Mesmo aqueles que escrevem sobre o **abolicionismo penal** e a **criminologia crítica**, preconizando a abolição da pena, não poderiam fazê-lo se fossem sequestrados, torturados e mortos. Além do mais, a ausência de pena traria de volta as vinganças privadas individual ou coletiva, as quais compunham formas duras de resposta ao crime. Para que você tenha uma ideia, o **talião** e a **composição** são sanções penais que surgiram para abrandar o rigor da vingança privada, as quais são consideradas conquistas humanitárias. Em termos jurídicos, basta argumentar a legitimidade da defesa pessoal (legítima defesa), garantida pelo direito, pelas leis e pela Justiça.

Preste atenção!

Os **fundamentos da legítima defesa** nada mais são do que a necessidade de proteção da potencial vítima e do prevalecimento do direito. Este último se explica porque a vítima poderia fugir em muitas oportunidades, mas não é isso que o direito lhe exige. Então, o prevalecimento da ordem jurídica pode ser imposto pelo particular (Roxin, 1997).

Além da defesa do bem individual, a legítima defesa garantida pela lei favorece a prevenção geral negativa contra o delito, pois, ao ter de aceitar a defesa do particular na ausência de órgãos estatais, intimidam-se potenciais agressores diante do risco de violação do direito. Aí está o motivo do segundo fundamento da legítima defesa: o prevalecimento do direito (Roxin, 1997).

Logo, existem condutas que devem ter atenção prioritária da sociedade e das pessoas individualmente, conforme demonstraremos a seguir.

10.5.1 Primeiro passo: proteção individual ou autoproteção

Imagine que Cecília mora sozinha em um apartamento e cursa Comunicação na Universidade Federal do Paraná (UFPR). Para chegar até a universidade, ela caminha a pé nas ruas por longo trecho. Volta para casa tarde da noite. Nos fins de semana, frequenta festas, bebe moderadamente e conhece novas pessoas. A quem cabe prioritariamente a segurança de Cecília? Sem dúvida, em primeiro lugar, a ela mesma. Seria um erro Cecília pensar que as pessoas, de maneira geral, preocupam-se com a vida dela a ponto de mobilizarem suas vidas para protegerem-na.

Existe certo egocentrismo na maioria das pessoas, e isso significa que elas se preocupam mais com o próprio umbigo do que com a vida de outra pessoa, como uma moça que caminha sozinha por ruas escuras, por exemplo. Se ela, Cecília, e se você, amigo leitor, não adotarem medidas seguras para cuidar de sua vida, provavelmente ninguém o fará ou somente alguém excepcional o fará.

Os motivos do egocentrismo humano poderiam ser debatidos em várias páginas e, até mesmo, em livros inteiros. Um dos autores que mais tratou desse tema com aplicação prática foi Dale Carnegie. Não cabe aqui discorrermos aprofundadamente sobre isso, mas saiba que quem mais se importa (ou deveria se importar) com sua segurança é você mesmo.

Por isso, retomando o exemplo dado, para caminhar sozinha, Cecília deve escolher um trajeto ou horário mais seguro, solicitar a companhia de amigos, observar bem os riscos no trânsito de veículos e outros perigos iminentes. Atualizar-se com as notícias locais e nacionais pode dar-lhe uma ideia rápida do que estamos falando. Assim deve ser a autoproteção de Cecília e também a de Eliot, que, morando sozinho em uma casa e passando o dia todo fora dela, providenciou boas fechaduras, grades e cercas elétricas e adotou um cachorro de porte médio para auxiliar na vigilância da casa.

Primeira lição: a primeira pessoa que pode cuidar de você não é seu colega, não é seu vizinho: é você mesmo. Pense nisso.

10.5.2 Segundo passo: autoproteção comunitária

É necessário acreditar no poder da comunidade em que se vive. Na maioria dos condomínios ou ruas, os moradores vivem suas vidas quase isoladamente, sem contato com seus vizinhos. E quando obrigatoriamente se juntam nas reuniões ordinárias de condomínio, as discussões giram em torno de pintura, cobrança de gás, fundos de reserva, reforma de salão, aquisição de móveis para a portaria etc. Você poderia afirmar o quanto tudo isso é mais importante do que a vida e a integridade física e psíquica de todos?

Em um país cujas taxas de criminalidade superam a maioria dos índices dos demais países, é necessário que todas as instituições comunitárias reúnam as pessoas (e estas participem e tomem iniciativas de reunião) e discutam sobre como melhorar a proteção de seus integrantes. Esse debate não deve ter preconceitos, e todas as sugestões devem ser ponderadas e debatidas de maneira construtiva e criativa.

Evidentemente, todos os especialistas que fazem parte do grupo devem ser ouvidos, contudo, ideias novas devem ser buscadas e encontradas.

Em uma rua em Curitiba, por exemplo, os moradores instalaram uma chave de luz em todas as casas. Se alguém estiver com problemas, aciona a chave e uma lâmpada se acende dentro de todas as casas. Isso é um sinal de alerta, que pode estar relacionado à necessidade de socorro médico ou, até mesmo, de acionamento da polícia em caso de crime iminente.

Na mesma cidade, em outra rua, os moradores colocaram placas em todas as casas mencionando que a comunidade é unida e vigilante. Eles adquiriram câmeras, as quais foram distribuídas nas ruas, podendo ser acessadas por intermédio de monitores distribuídos nas residências dos participantes da comunidade.

Esses são pequenos exemplos de medidas que não somente atuam efetivamente em prol da segurança da comunidade, mas também permitem a seus integrantes ter um "olho clínico" para o que acontece na vizinhança. Além disso, são medidas que ensinam os indivíduos a se importar mais uns com os outros e a ser solidários em situações de emergência.

Um método interessante para analisar problemas e soluções: os moradores ou integrantes de determinada comunidade podem percorrer os locais de possível incidência de crime e buscar soluções específicas para sua realidade.

Segunda lição: não subestime o poder do grupo e da união.

10.5.3 Terceiro passo: fortalecimento nacional

Edwin Sutherland argumenta que qualquer delito pode ser praticamente eliminado ou reduzido a um índice bem aceitável, desde que a sociedade realmente se interesse em combatê-lo.

Acreditamos que a maioria das pessoas deseja que o delito seja eliminado, contudo, acabam dando prioridade para assuntos particulares que não são essenciais, como assistir a um filme no cinema em vez de participar de uma reunião relacionada à mobilização de combate ao crime. Os assuntos pessoais secundários acabam dispersando a efetiva solução do problema existente. No âmbito nacional, existe grande chance de mudar as coisas em um nível mais profundo e permanente.

Nessa seara, é fundamental a escolha de parlamentares que realmente estejam comprometidos com a melhoria da segurança pública. Considere o seguinte: Se os parlamentares não souberem o que fazer na área de segurança pública antes da eleição, como saberão fazer quando assumirem seus cargos na capital federal? Votar em políticos de aparência é desperdiçar a oportunidade de viver dias melhores.

Já em caso de políticos corruptos, a população deve mobilizar-se para que respondam pelos crimes que praticaram e cumpram penas proporcionais a estes.

De maneira geral, as propostas sobre segurança pública devem ser discutidas antes das eleições, com a participação de todos e no maior número de meios possíveis, como imprensa, associações de bairros, comunidades religiosas, institutos e espaços públicos*.

---

* Por exemplo, descobrir as opiniões de determinado parlamentar ou candidato sobre delitos graves e o que ele pretende fazer especificamente com relação ao tema.

Terceira lição: uma nação que sofre com o crime, mas não se mobiliza para o real combate a ele, continuará a sofrer com ele.

10.5.4 Quarto passo: investimento na educação

Muitos falam que se deve investir na educação, porém, poucos apontam os problemas reais da educação. Para começar, ela não se deve limitar a ensinar temas abstratos, muitas vezes distantes da realidade. A educação deve estar relacionada principalmente à vida em comunidade. Afinal, permitir ao estudante conhecer seus direitos e levá-lo a respeitar os dos outros é fundamental para uma efetiva vida em sociedade.

O aprendizado dos deveres e direitos e o respeito a eles deve ocorrer desde a infância, por meio do conhecimento do que se chama no direito penal de **potencial conhecimento do ilícito**. Em outras palavras, as crianças não precisam ter conhecimento literal do Código Penal e das leis penais, mas devem saber seu conteúdo prático. Nesse ponto, é fundamental o fortalecimento ético das crianças. É preciso ensiná-las, desde cedo, a não agredir os outros, a não ser trapaceiras nas relações com as pessoas e a comportar-se com respeito ao outro no sentido mais amplo, de modo que aprendam as regras básicas de educação em uma sociedade que pretende ser evoluída e civilizada. O altruísmo deve ser premiado, e o trabalho em grupo, estimulado.

Entretanto, o que se vê hoje é o oposto: muitos pais deixam seus filhos praticarem grosserias, pequenas trapaças, malandragens, tocar agressivamente em outras crianças, ofender sem ser repreendidas. Desde a família até a escola inicial, a educação tem-se restringido a temas curriculares e meras formalidades, e muito pouco se educa para uma vida harmoniosa em sociedade.

Por que os adolescentes e adultos deverão obedecer às leis e às regras de boa convivência se não receberam tal aprendizado na infância? Observe a seguir um exemplo simples.

Na porta de uma escola infantil, observei uma mãe segurar a mão do filho, que devia ter uns seis anos de idade, e conduzi-lo para atravessar uma via rápida fora da faixa de pedestres. Bastava para a mãe caminhar 15 metros para atravessar a rua em segurança. Mas ela preferiu trapacear as regras de trânsito e deixar de caminhar um pouco mais para cruzar perigosamente a via expressa. O que aprendeu seu filho nesse caso? "Não preciso respeitar as regras de trânsito".

Não é preciso pesquisar muito para saber por que o Brasil é líder em acidentes de trânsito. Sem educação desde a fase inicial de vida, a colheita será amarga.

Quarta lição: Pessoas educadas com ética, desde a mais precoce idade, construirão uma nação poderosa e justa.

Síntese

Neste capítulo, examinamos alguns temas pertinentes à política criminal. Primeiramente, no que se refere aos problemas relacionados à dependência de drogas, sugerimos que os dependentes de droga que praticam pequenos ilícitos sejam internados de forma cautelar em estabelecimentos de saúde preparados para o tratamento da dependência, até que o processo seja definitivamente julgado. Para tanto, deve ocorrer alteração da Lei de Drogas.

Outro tema relevante de que tratamos foi o papel do policial na sociedade e a necessidade de melhorar o atendimento deste à população, rompendo com o estigma do policial por meio da divulgação de condutas que enobreçam a atividade com mais ênfase e reconhecimento, e não apenas pela divulgação de condutas ilícitas. Também estudamos a origem do PCC e a questão do estigma do preso, bem como por que a diminuição da maioridade penal não é uma solução eficaz para o sistema penal, embora algumas mudanças devam ser feitas na área.

Por fim, apresentamos quatro passos para o melhoramento da segurança pública: (1) autoproteção individual, (2) autoproteção comunitária, (3) necessidade de fortalecimento nacional e (4) investimento em educação.

Questões para revisão

1) Sobre os assassinos em série, é possível afirmar:
   a. A ausência de metarregras/estigmas distraiu policiais em investigações de suspeitos, bem como a falta de investigação sistemática.
   b. As investigações sempre se pautaram na rápida resposta dos casos.
   c. Não há estudos sobre assassinos em série e metarregras/estigmas no Brasil.
   d. O assunto tem pouca relevância social, pois o que importa é a ideologia política que se adota.

2) Crítica feita à adoção da ausência de pena em crimes como latrocínio, homicídio, extorsão mediante sequestro, estupro e corrupção de grandes valores:
   a. Irmandade entre as pessoas com prolongado período de paz social.
   b. A ausência de resposta proporcional do Estado acarreta a vingança privada individual e coletiva.
   c. As soluções administrativas sem a justa tutela penal mostraram-se respeitadoras dos direitos humanos.
   d. Não é possível reduzir a incidência de tais crimes.

3) O talião e a composição foram tipos de pena aplicadas em todas as legislações da Antiguidade. Pode-se considerar como característica(s) do talião:
   a. atraso da humanidade e crueldade.
   b. presença na atual legislação ocidental.
   c. composição.
   d. preservação social e proporcionalidade.

4) Por que somente a prisão do dependente químico que comete ato ilícito não é suficiente para a resolução desse problema?

5) Por que a autoproteção comunitária pode fortalecer a segurança pública e individual?

Questões para reflexão

1) No Caso Eloá, ocorrido em outubro de 2008, em Santo André, quatro pessoas foram mantidas em cárcere privado. Durante essa ação, quais metarregras/estigmas foram identificados? Para responder a essa questão, sugerimos a leitura do artigo indicado a seguir.
BACILA, C. R. **O fantasma de Lindbergh e cativeiro com morte em São Paulo**. Disponível em: <https://www.faneesp.edu.br/novo/conteudo/direito/artigo_fantasma.pdf>. Acesso em: 19 fev. 2020.

2) Com base na pesquisa de campo efetuada e relatada neste capítulo, você acredita que pessoas dependentes de *crack* que praticam ações típicas e antijurídicas podem deixar de realizar ações ilícitas desde que encontrem apoio público ou privado? Por quê?

3) A ordem natural de evolução da resposta social dada ao crime é: vingança privada, vingança divina, vingança pública e período humanitário. Por que a ausência de resposta a crimes graves acarretaria a vingança privada individual e coletiva? Pensando em sua realidade individual, enuncie medidas que você adota para preservar sua vida em casa, no trabalho, no lazer e durante o transporte pessoal. Enuncie também as medidas que você pode adotar para melhorar sua segurança pessoal.

considerações finais...

Procuramos abordar, nesta obra, conceitos fundamentais das áreas de criminologia e política criminal, bem como as raízes que originaram tais conceitos e suas consequências para a sociedade.

Esses temas, como esclarecemos ao longo do livro, importam tanto para a academia quanto para a sociedade como um todo, visto que refletem em nossa vida cotidiana. Para fundamentar as ideias aqui abordadas, tivemos de trilhar o caminho do estudo, da pesquisa de campo, da entrevista com especialistas e da experiência.

Cada um dos itens tratados constitui temas com os quais nos deparamos tanto na vida acadêmica quanto cotidiana, visto que constantemente lidamos com pessoas. Fizemos tudo isso para fornecer a você, caro leitor, o realismo da criminologia e da política criminal, de modo a evidenciar o que funciona ou não na vida real. Afinal, sabemos que quanto mais real estiver o trato de nossos escritos, mais acessível para a compreensão e reflexão eles estarão.

Esperamos que esta obra lhe seja útil para a vida acadêmica e também para a vida pessoal ou profissional.

Para finalizar, gostaríamos de apresentar uma frase de Goethe (1999, p. 8, tradução nossa), presente em seu clássico *Os sofrimentos do jovem Werther*: "E tu, boa alma, que sentes a mesma angústia que ele, recebe o consolo para os teus sofrimentos, e permite que este livro seja teu amigo se, por sorte ou culpa própria, não puderes encontrar outro mais íntimo".

ANITUA, G. I. **Histórias dos pensamentos criminológicos**. Tradução de Sergio Lamarão. Rio de Janeiro: Revan, 2008.

BACILA, C. R. **A vida de Dale Carnegie e sua filosofia de sucesso**. 2. ed. Curitiba: Belton, 2015a.

_____. **Criminologia e estigmas**: um estudo sobre os preconceitos. 4. ed. São Paulo: Gen-Atlas, 2015b.

_____. **Estigmas**: um estudo sobre os preconceitos. Rio de Janeiro: Lumen Juris, 2005.

_____. **Introdução ao direito penal e à criminologia**. Curitiba: InterSaberes, 2017.

_____. **Nos bastidores da sala de aula**. Curitiba: InterSaberes, 2014.

_____. **Polícia x direitos humanos**. Curitiba: JM Editora, 2002.

_____. **Teoria da imputação objetiva no direito penal**. Curitiba: Juruá, 2011.

BACILA, C. R.; RANGEL, P. **Lei de drogas**: comentários penais e processuais penais. 3. ed. São Paulo: Gen-Atlas, 2015.

BATISTA, N. **Introdução crítica ao direito penal**. 3. ed. Rio de Janeiro: Revan, 1996.

BAUDELAIRE, C. **Sobre a modernidade**: o pintor da vida moderna. Organização de Teixeira Coelho. Rio de Janeiro: Paz e Terra, 1996.

BECCARIA, C. **Dos delitos e das penas**. Tradução de Torrieri Guimarães. São Paulo: M. Claret, 2000.

BECKER, H. S. **Outsiders**: Studies in the Sociology of Deviance. New York: Free Press, 1973.

____. **Outsiders**: estudos de sociologia do desvio. Tradução de Maria Luiza X. de A. Borges. Rio de Janeiro: J. Zahar, 2008.

BINDING, K. **Die Normen und ihre Übertretung**: eine Untersuchung über die rechtmässige Handlung und die Arten des Delikts. Leipzig: Wilhelm Engelmann, 1890. v. II.

BISSOLI FILHO, F. **Linguagem e criminalização**: a constitutividade da sentença penal condenatória. Curitiba: Juruá, 2011.

BOCKELMANN, P.; VOLK, K. **Direito penal**: parte geral. Tradução de Gercélia Batista de Oliveira Mendes. Belo Horizonte: Del Rey, 2007.

BRASIL. Constituição (1988). **Diário Oficial da União**, Brasília, DF, 5 out. 1988. Disponível em: <http://www.planalto.gov.br/ccivil_03/Constituicao/Constituicao.htm>. Acesso em: 19 fev. 2020.

____. Decreto-Lei n. 2.848, de 7 de dezembro de 1940. **Diário Oficial da União**, Poder Executivo, Rio de Janeiro, 31 dez. 1940. Disponível em: <http://www.planalto.gov.br/ccivil_03/decreto-lei/del2848compilado.htm>. Acesso em: 19 fev. 2020.

____. Decreto-Lei n. 3.689, de 3 de outubro de 1941. **Diário Oficial da União**, Poder Executivo, Rio de Janeiro, 13 out. 1941. Disponível em: <http://www.planalto.gov.br/ccivil_03/decreto-lei/del3689.htm>. Acesso em: 19 fev. 2020.

____. Lei n. 7.210, de 11 de julho de 1984. **Diário Oficial da União**, Poder Executivo, Brasília, DF, 13 jul. 1984. Disponível em: <http://www.planalto.gov.br/ccivil_03/LEIS/L7210.htm>. Acesso em: 19 fev. 2020.

____. Lei n. 8.069, de 13 de julho de 1990. **Diário Oficial da União**, Poder Legislativo, Brasília, DF, 16 jul. 1990. Disponível em: <http://www.planalto.gov.br/ccivil_03/leis/l8069.htm>. Acesso em: 19 fev. 2020.

____. Lei n. 13.718, de 24 de setembro de 2018. **Diário Oficial da União**, Poder Legislativo, Brasília, DF, 25 set. 2018. Disponível em: <http://www.planalto.gov.br/ccivil_03/_ato2015-2018/2018/lei/L13718.htm>. Acesso em: 19 fev. 2020.

BRÊTAS, P. Fraudes médicas chegam a R$28 bilhões, em 2017, e aumentam em 33% custos ao consumidor. **O Globo**, 6 out. 2017. Economia. Disponível em: <https://oglobo.globo.com/economia/defesa-do-consumidor/fraudes-medicas-chegam-r-28-bilhoes-em-2017-aumentam-em-33-custos-ao-consumidor-21917131>. Acesso em: 19 fev. 2020.

BRUNO, A. **Direito penal**. 3. ed. Rio de Janeiro: Forense, 1978.

_____. **Direito penal**. 5. ed. Rio de Janeiro: Forense, 2005. Tomo I: Parte geral.

BUSATO, P. **Direito penal**: parte especial. São Paulo: Atlas, 2016. v. 3.

BUSTOS RAMÍREZ, J. **La imputación objetiva**. In: OUVIÑA, G. et al. Teorías actuales en el derecho penal. Traducción de Mariana Sacher de Köster. Buenos Aires: Ad-Hoc, 1998. p. 211-218.

CABRAL, D. C. Bonnie e Clyde, o casal fora-da-lei que virou lenda nos EUA. **Super Interessante**, 29 mar. 2019. Mundo Estranho. Disponível em: <https://super.abril.com.br/mundo-estranho/bonnie-clyde-o-casal-fora-da-lei-que-virou-lenda-nos-eua/>. Acesso em: 19 fev. 2020.

CARNEGIE, D. **How to Win Friends and Influence People**. New York: Simon & Schuster, 1983.

_____. **How to Win Friends and Influence People**. New York: Simon & Schuster, 1986.

CARVALHO, S. de. **A política criminal de drogas no Brasil**. 2. ed. Rio de Janeiro: Luam, 1997.

_____. **Antimanual de criminologia**. Rio de Janeiro: Lumen Juris, 2008.

_____. _____. 5. ed. São Paulo: Saraiva, 2013.

CASTRO, L. A. de. **Criminologia da reação social**. Tradução de Ester Kosovski. Rio de Janeiro: Forense, 1983.

CHEMIM, R. **Mãos limpas e Lava Jato**: a corrupção se olha no espelho. Porto Alegre: CDG, 2017.

CONDE, F. M.; HASSEMMER, W. **Introdução à criminologia**. Tradução de Cíntia Toledo Miranda Chaves. Rio de Janeiro: Lumen Juris, 2008.

COQUARD, O. **Marat**: o amigo do povo. Tradução de C. H. Silva. São Paulo: Scritta, 1996.

COSTA, Á. M. da. **Criminologia**. 4. ed. Rio de Janeiro: Forense, 2005.

DONNA, E. A. A modo de prólogo: Breve síntesis del problema de la culpabilidad normativa. In: GOLDSCHMIDT, J. **La concepción normativa de la culpabilidad**. 2. ed. Traducción de Margarethe de Goldschmidt y Ricardo C. Nuñez. Buenos Aires: Julio César Faria, 2002. p. 10-50.

EINSTEIN, A. **A teoria da relatividade especial e geral**. Tradução de Carlos Almeida Pereira. Rio de Janeiro: Contraponto, 1999.

ELBERT, C. A. **Manual básico de criminologia**. Tradução de Ney Fayet Júnior. Porto Alegre: Ricardo Lenz, 2003.

ESER, A. **Acerca del renacimiento de la víctima en el procedimiento penal**. Traducción de Fabricio O. Guariglia y Fernando J. Córdoba. Buenos Aires: Ad-Hoc, 2001.

_____. **Sobre la exaltación del bien jurídico a costa de la víctima**. Traducción de Manuel Cancio Meliá. Bogotá: Universidad Externado, 1998.

FERRI, E. **Defesas penais e estudos de jurisprudência**. Tradução de Vergínia Kuster Puppi. Campinas: Bookseller, 2002.

FEUERBACH, P. J. A. R. von. **Tratado de derecho penal**. Traducción de Eugenio Raúl Zaffaroni y Irma Hagemeier. Buenos Aires: Hammurabi, 1989.

FIGUEIREDO DIAS, J. de; ANDRADE, M. da C. A. **Criminologia**: o homem delinquente e a sociedade criminógena. Coimbra: Coimbra Editora, 1992.

FLOOD, A. 'We Donte Want To Hurt Anney One': Bonnie and Clyde's Poetry ·Revealed. **The Guardian**, 26 Feb. 2019. Disponível em: <https://www.theguardian.com/books/2019/feb/26/we-donte-want-to-hurt-anney-one-bonnie-and-clydes-poetry-revealed>. Acesso em: 19 fev. 2020.

FOUCAULT, M. **Microfísica do poder**. 20. ed. Tradução de Roberto Machado. Rio de Janeiro: Graal, 2004.

_____. **Vigiar e punir**. 9. ed. Tradução de Lígia M. Ponde Vassalo. Petrópolis: Vozes, 1991.

GAROFALO, R. **Criminologia**. Tradução de Danielle Maria Gonzaga. Campinas: Péritas, 1997.

GLOBO NEWS. São Paulo, 19h30min, 13 jun. 2018, Edição 18.

GOETHE. W. **Werther**. Traducción de Clube Internacional do Livro. Madrid: Gráfica Internacional, 1999.

GOFFMAN, E. **Manicômios, prisões e conventos**. 6. ed. Tradução de Dante Moreira Leite. São Paulo: Perspectiva, 1999.

GOLDSCHMIDT, J. **La concepción normativa de la culpabilidad**. 2. ed. Traducción de Margarethe de Goldschmidt y Ricardo C. Nuñez. Buenos Aires: Julio César Faria, 2002.

GUINN, J. **Go Down Together**: The True, Untold Story of Bonnie and Clyde. New York: Simon & Schuster, 2010.

HEGEL, G. W. F. **Princípios da filosofia do direito**. Tradução de Norberto de Paula Lima. São Paulo: Ícone, 1977.

HIRSCH, H. J. Derecho Penal. In: _____. **Obras completas**. Santa Fe: Rubinzal-Culzoni, 2002. Tomo III.

KAISER, G. **Criminología**: una introducción a sus fundamentos científicos. Traducción de José Belloch Zimmermann. Madrid: Espasa-Calpe, 1978.

KEROUAC, J. **On the Road**: pé na estrada. Tradução de Eduardo Bueno. Porto Alegre: L&PM, 2008.

KUHN, T. S. **A estrutura das revoluções científicas**. 5. ed. Tradução de Beatriz Vianna Boeira e Nelson Boeira. São Paulo: Perspectiva, 2000.

LARRAURI, E. **La herencia de la criminologia crítica**. 2. ed. Ciudad de México: Siglo Veintiuno, 1992.

LOMBROSO, C. **O homem delinquente**. Tradução de Maristela Bleggi Tomasini Corbo Garcia. Porto Alegre: Ricardo Lenz, 2001.

LOPES JR., A. **Sistemas de investigação preliminar no processo penal**. 2. ed. Rio de Janeiro: Lumen Juris, 2003.

MÁFIA das próteses coloca vidas em risco com cirurgias desnecessárias. **Fantástico**, 4 jan. 2015. Disponível em: <http://g1.globo.com/fantastico/noticia/2015/01/mafia-das-proteses-coloca-vidas-em-risco-com-cirurgias-desnecessarias.html>. Acesso em: 14 fev. 2020.

MAIER, J. B. J. La victima y el sistema penal. In: MAIER, J. B. J. (Org.). **De los delitos y de las víctimas**. Buenos Aires: Ad-Hoc, 2001. p. 207-242.

MANNHEIM, H. **Criminologia comparada**. Tradução de J. F. Faria Costa e M. Costa Andrade. Lisboa: Fundação Calouste Gulbenkian, 1984. v. 1.

MARAT, J. P. **Disegno di legislazione criminale**. Traducción de Marco Antonio Aimo. Milano: Istituto Editoriale Cisalpino, 1971.

MATTOS, D. C. **O amigo do direito penal**: por que nosso sistema favorece a impunidade dos criminosos de colarinho branco. Porto Alegre: Livraria do Advogado, 2018.

MAURACH, R.; ZIPF, H. **Derecho penal**: parte general 1. Traducción de Jorge Bofill Genzsch y Enrique Aimone Gibson. Buenos Aires: Astrea, 1994.

MOCCIA, S. **El derecho penal entre ser y valor**: función de la pena y sistemática teológica. Traducción de Antonio Bonanno. Montevideo: B de F, 2003.

MONTERO, D. **Bases para um nuevo derecho penal**. 2. ed. Buenos Aires: Depalma, 1973.

MUÑOZ CONDE, F.; HASSEMER, W. **Introdução à criminologia**. Tradução de Cíntia Toledo Miranda Chaves. Rio de Janeiro: Lumen Juris, 2008.

NUNES, A. Ministro misericordioso com crimes hediondos mantém na cadeia condenada por furto de chiclete. **Veja**, 22 fev. 2017. Disponível em: <http://veja.abril.com.br/blog/augusto-nunes/direto-ao-ponto/o-xerife-durao-nega-a-condenada-por-furto-de-chiclete-a-clemencia-que-premiou-a-turma-do-crime-hediondo/>. Acesso em: 19 fev. 2020.

OLIVEIRA, E. **Vitimologia e direito penal**: o crime precipitado ou programado pela vítima. 3. ed. Rio de Janeiro: Forense, 2003.

PARK, R. E. **Race and Culture**: Essays in the Sociology of Contemporary Man. New York: MacMillan, 1964.

RAMOS, J. G. G. **A inconstitucionalidade do "Direito Penal do Terror"**. Curitiba: Juruá, 1991.

RANGEL, P. **Direito processual penal**. 21. ed. São Paulo: Atlas, 2013.

ROSENBERG, J. 'The Story of Suicide Sal' by Bonnie Parker. **ThoughtCo.**, Sept 9, 2019. History and Culture. Disponível em: <https://www.thoughtco.com/bonnie-parker-poem-story-of-suicide-sal-1779302>. Acesso em: 19 fev. 2020.

ROXIN, C. **Derecho penal**: parte general. Madrid: Civitas, 1997. Tomo I: Fundamentos. La estructura de la teoría del delito.

_____. **La evolución de la política criminal**: el derecho penal y el proceso penal. Traducción de Carmen Gómez Rivero y María del Carmen García Cantizano. Valencia: Tirant lo Blanch, 2000.

_____. **Problemas fundamentais de direito penal**. Tradução de Ana Paula dos Santos e Luís Natscheradetz. Lisboa: Veja, 1986.

SMITH, A. **A riqueza das nações**. 2. ed. Tradução de Luiz João Baraúna. São Paulo: Nova Cultural, 1985.

SOARES, O. **Curso de criminologia**. Rio de Janeiro: Forense, 2003.

SOUZA, P. de. **O sindicato do crime**: PCC e outros grupos. São Paulo: Ediouro, 2006.

SUTHERLAND, E. H. A criminalidade de colarinho branco. Tradução de Lucas Minorelli. **Revista Eletrônica de Direito Penal & Política Criminal**, Porto Alegre, v. 2, n. 2, p. 93-103, 2014. Disponível em: <https://seer.ufrgs.br/redppc/article/view/56251/33980>. Acesso em: 19 nov. 2019.

_____. **Princípios de criminologia**. Tradução de Asdrúbal Mendes Gonçalves. São Paulo: Livraria Martins, 1949.

_____. White-Collar Criminality. **American Sociological Review**, New York, v. 5, n. 1, p. 1-12, Feb. 1940. Disponível em: <https://is.muni.cz/el/1423/podzim2015/BSS166/um/Sutherland._1940._White-collar_Criminality.pdf>. Acesso em: 19 nov. 2019.

SUTHERLAND, E. H.; CRESSEY, D. R. **Principles of Criminology**. 7. ed. Philadelphia; New York: J. B. Lippincott, 1966.

TAYLOR, I.; WALTON, P.; YOUNG, J. **The New Criminology**: for a Social Theory of Deviance. London: Routledge, 1973.

VALENTE, M. M. G. **Teoria geral do direito policial**. 2. ed. Coimbra: Almedina, 2009.

VELLOSO, J. **Sentencing**: Theory and Practice. Canadá, 2 fev. 2018. Aula de Criminologia proferida na Universidade de Ottawa.

VERRI, P. **Observações sobre a tortura**. Tradução de Frederico Carotti. São Paulo: M. Fontes, 1992.

VIANNA, R. F. **Reflexões sobre segurança pública**: nada mais do que tudo isso. São Paulo: Plano B, 2014.

WELZEL, H. **Derecho penal alemán**. Traducción de Juan Bustos Ramírez y Sergio Yáñez Pérez. 4. ed. Santiago: Jurídica de Chile, 1997.

Capítulo 1
1. d
2. c
3. d
4. Posicionar câmeras de vigilância e policiais disfarçados para proteger a população em áreas de elevada incidência de crimes.
5. Vida humana, liberdade e patrimônio.

Capítulo 2
1. a
2. d
3. c
4. Crimes sexuais, homicídios seriais, crimes passionais etc.
5. Anarquismo, capitalismo e marxismo.

Capítulo 3
1. d
2. d
3. c

4. Pietro Verri escreveu *Observações sobre a tortura*, um estudo de procedimento realizado em 1630 em Milão. Nessa época, a coleta de provas se fundamentava na tortura, algo que resultou em injustiça no caso concreto. Verri defendeu a abolição da tortura e as ideias iluministas.

5. Porque o Iluminismo preconizou o racionalismo, a divisão dos poderes, o princípio da legalidade, o desenvolvimento dos direitos humanos, entre outros, o que é plenamente coerente com a escola clássica.

Capítulo 4

1. d
2. a
3. c
4. A teoria da anomia de Merton desconsidera que grande parte das pessoas que não atingem ou não querem atingir metas sociais não pratica crimes para obter tais metas.
5. Durkheim, Merton e as correntes ecológicas apontam que a sociedade gera o crime, que consiste em um determinismo social (causa e efeito).

Capítulo 5

1. a
2. b
3. c
4. Essa teorias falhavam porque procuravam explicar a prática do crime apenas com base na pobreza, na desorganização social e em problemas mentais.
5. Exemplos de melhorias: nas obras públicas, que não serão superfaturadas e terão um projeto de execução sério; no sistema de saúde, que será pautado em metas; na educação, que será atendida com mais dedicação; na segurança pública, que terá como foco a obtenção de resultados mais expressivos.

Capítulo 6
1. b
2. c
3. a
4. O pragmatismo pode colaborar para a diminuição da criminalidade por ser uma filosofia que não se detém somente a cogitações teóricas, apresentando a flexibilidade necessária para procurar soluções. Podemos citar como exemplos de efetivação dessa ideia a premiação de bons exemplos, o respeito às diversidades por meio da valorização social de pessoas não convencionais, o tratamento digno de presos e o trato da legalidade com observância em resultados.
5. Não é válido designá-la "teoria" porque não houve uma teoria geral sobre etiquetas ou rotulação; embora os estudos de caso sobre o interacionismo simbólico ou a reação social tenham sido importantes, não chegaram a constituir uma "teoria".

Capítulo 7
1. d
2. d
3. d
4. Acompanhamento da vítima ou de seus representantes nos atos processuais mediante notificação judicial.
5. Falta de amparo estatal.

Capítulo 8
1. d
2. b
3. c

4. Os indivíduos A e B praticam o mesmo delito. Nesse caso, configuraria tratamento estigmatizador se apenas A fosse punido, em virtude de B estar alinhado às concepções ideológicas de quem o julgou.

5. Avaliar a conduta.

Capítulo 9

1. c
2. d
3. a
4. São normas sociais que vão além das regras jurídicas. Embora sejam, em sua maioria, benéficas para o convívio social, algumas metarregras estão fundamentadas em crenças equivocadas ou preconceitos, resultando em estigmas e, consequentemente, na violação do princípio da legalidade.
5. Diante do fracasso do Estado na organização social (cuja falta de investimentos leva à violência e ao aumento do crime), a visão penal garantista preconiza reduzir a quantidade de crimes previstos e aumentar as garantias processuais penais, além de prever o respeito aos direitos humanos.

Capítulo 10

1. a
2. b
3. d
4. Porque, equivocadamente, não há previsão de medida cautelar de internamento em casa de saúde logo após a prática da ação típica e antijurídica de delitos leves, tendo em vista o texto original da Lei de Drogas.
5. Porque em grupo somos mais fortes, visto que podemos ajudar uns aos outros, participando da vida em comunidade. A atitude conformista de deixar tudo por conta do Estado é nociva à segurança pública.

Carlos Roberto Bacila* é bacharel, especialista, mestre e doutor em Direito pela Universidade Federal do Paraná (UFPR) e tem pós-doutorado em Criminologia pela Universidade de Ottawa (Canadá). Atualmente, é delegado aposentado da Polícia Federal e docente da UFPR.

É autor dos seguintes livros: *Síntese de direito penal* (2001 – esgotado); *Polícia × direitos humanos: diligências policiais de urgência e direitos humanos – o paradigma da legalidade* (2002 – esgotado); *Teoria da imputação objetiva no direito penal* (2011); *Nos bastidores da sala de aula* (2014); *Vade Mecum concurso delegado federal* (2014); *A vida de Dale Carnegie e sua filosofia de sucesso* (2015); *Criminologia e estigmas: um estudo sobre os preconceitos* (2015); *Comentários penais e processuais penais à Lei de Drogas*, em coautoria com Paulo Rangel (2015); *Introdução ao direito penal e à criminologia* (2016); e *Bob London lê e vira o jogo* (2019).

---

* E-mail do autor: carbac@uol.com.br. Fique à vontade para mandar suas sugestões e contribuições.

Livros do autor publicados pela Editora InterSaberes:

Os papéis utilizados neste livro, certificados por instituições ambientais competentes, são recicláveis, provenientes de fontes renováveis e, portanto, um meio **respons**ável e natural de informação e conhecimento.

FSC
www.fsc.org
MISTO
Papel produzido a partir de fontes responsáveis
FSC® C103535

Impressão: Reproset
Fevereiro/2023